À ma femme,
À ma fille,
À ma mère...
Et à toutes celles sans qui la cuisine ne serait que vulgaire nourriture.
À tous les chefs qui me font l'amitié de m'accepter comme un amateur dans leur cénacle de professionnels.

Yves Chabot

N° ISBN 2 84035 030 0

Photographie de couverture Patrick Ferrer

Yves Chabot

Cuisinons aux crus des terroirs

Éditions Chapitre Douze
Bruxelles — Paris

Le goût des choses

Le“ prince”Curnonsky avait composé un joli quatrain en l'honneur d'une maîtresse de cuisine hors pair, Mélanie Rouhat, et de sa fille Marie, lesquelles au temps de ses difficultés financières l'avaient hébergé dans leur hostellerie de Riec-sur-Belon.

En voici le texte :

“Couronnons de lis et de roses
Mélanie et Marie, et tout ce qu'elles font
La cuisine, c'est quand les choses
Ont le goût de ce qu'elles sont.”

Laissons les deux premiers vers pour n'en retenir que les deux derniers.

Cur avait bien raison (à son époque) de prôner ce que revendiquera par la suite la nouvelle cuisine.

Hélas, trois fois hélas ! Si aujourd'hui l'on essaye de laisser aux choses leur goût particulier, cela ne vous a, dans la majorité des cas, qu'un rapport tellement lointain avec l'autenticité, qu'il vaut souvent mieux le cacher sous de savantes sauces, épices délicates et dans des cuissons ardentes.

Pourquoi, me direz-vous ?

Tout simplement par ce qu' il y a belle lu[illegible] ne pousse qu'exceptionnellement au potager, à l[illegible]eil et à la pluie (trop long, trop hasardeux, moins belle pr[illegible]ntation. . .)

Il en va de même pour les haricots verts, les tomates et autres légumes de nos jardins industriels.

L'espoir réside dans cette nouvelle vague de jeunes agriculteurs lesquels, utilisant au maximum la bioculture, ou culture biologique, nous invitent à cueillir nous-mêmes à la saison venue fruits et légumes sur pied.

Si dans ce même esprit l'on pouvait retrouver porcs, veaux, bœufs, poulets, vivant “leur temps” au pré, poussant naturellement au soleil, paissant ou picorant l'herbe tendre ou la cour de la ferme, sans addition de farines et autres produits plus ou moins chimiques, alors, dans nos cuisines, les choses retrouveraient leur véritable goût et la nouvelle cuisine n'en serait que mieux appréciée.

Et les vers de Curnonsky retrouveraient toute leur valeur.

Un vœu que l'on peut (peut-être...) voir être exaucé dans un avenir proche.

A tous les marmitons.

C'est la grâce que nous souhaitons.

Y.C.

L'aiguillette au Pinot noir

Parmi les vins d'Alsace, il en est pour lesquels j'ai une sorte de dilection. Parce qu'ils entrent fort bien en cuisine et sont également de vrais régals dans le verre. Ainsi le Pinot noir qui se boit jeune en pleine vigueur ,mais qui acquiert bien des qualités en prenant un peu d'âge. Pas trop. Mais vers les 5-6 ans il en étonnera plus d'un.

Comme de surcroît on le trouve à des tarifs tout à fait raisonnables, voici un vin de fête pour un plat pas cher qui me vient tout droit d'un oncle mulhousien qui le réussissait comme personne. Il s'agit de l'aiguillette de bœuf au Pinot noir d'Alsace, un plat qui ne requiert pas de talent particulier sauf à suivre la recette sans en déroger. Ou alors pour l'améliorer à votre convenance. En cuisine c'est comme au P. M.U. on fait comme on aime.

Pour 4 personnes

1 bouteille de Pinot noir d'Alsace
800 gr de culotte de bœuf (la pointe)
80 gr de lard de poitrine
12 petits oignons
1 bouquet garni
2 gousses d'ail
4 grains de poivre (noir)
20 gr de farine
50 gr de beurre
Huile d'olive
Sel, poivre

Tout d'abord préparer une marinade avec 40 cl de Pinot noir, le bouquet garni, l'ail pelé, les grains de poivre. Mettre la viande à mariner avec le lard la veille.
Retourner la viande de temps en temps.
Le lendemain éponger la viande et le lard.
Couper le lard en dés.
Dans une cocotte en fonte, mettre à chauffer 25gr de beurre avec une cuiller d'huile d'olive.
Mettre à revenir la viande sur tous les côtés.
Quand la viande est saisie l'ôter. La mettre à réserver.
Dans le jus de cuisson, mettre à revenir les lardons et les petits oignons pelés.
Quand le tout a pris couleur remettre la viande et mouiller avec la marinade.
Saler, poivrer, couvrir et mettre au four th.5 pendant 3/4 d 'heure.
Retourner la viande et compléter le jus éventuellement avec 10 cl d'eau chaude.
Remettre au four pour 1/2 heure.
A ce terme, ôter la viande et la détailler en tranches.
Oter le bouquet garni et les grains de poivre.
Mettre la cocotte à découvert sur la flamme.
Ajouter 20 gr de beurre pour déglacer les sucs et poudrer avec une cuiller de farine.
Mêler la sauce au fouet.
En napper la viande.
Servir chaud accompagné de pommes de terre cuites à l'eau et d'une purée de carottes.
Servir avec un Pinot noir frais (10/12°)

Les ailerons de dinde au Savennières

Je ne suis pas un fou de cette viande un peu artificielle qu'est le dindonneau, qui n'est ni dinde dodue ni volaillette tendre et savoureuse, mais une sorte d'intermédiaire qui fait plus de poids que de vraie chair au goût si particulier.

Trêve de mélancolie, si vous avez le bonheur de trouver dans une ferme qui travaille encore à l'ancienne et abat ses dindes à maturité, procurez-vous quatre ailerons d'animaux adultes et régalez vous de ceux-ci préparés à l'angevine avec un Savennières ou un Quart de Chaumes, deux blancs issus du cépage Chenin blanc, récoltés de part et d'autre de la Loire à l'ouest d'Angers.

En voici la recette, recueillie il y a quelques années lors d'une escapade gastronomico-eonologique savoureuse.

Pour 4 personnes

1 bouteille de Savennières ou de Quart de Chaumes
ou de Coulée de Serrant
4 ailerons de dinde
6 blancs de poireaux
2 oignons
4 échalotes grises
2 gousses d'ail
1 bouquet garni
1 branche d'estragon
Sel, poivre
80 gr de beurre

250 gr de filet de porc
250 g de lard gras frais
Quatre épices
80 gr de foie gras
2 cl de marc égrappé
3 marrons cuits (frais ou en conserve)

Tout d'abord préparer la farce à l'angevine.
Mettre dans une casserole un peu de beurre.
Peler et hacher deux échalotes. Les mettre dans le beurre chaud fondu, mouiller avec 20 cl de vin. Faire réduire des 3/4.
Dans un mixer mettre les échalotes fondues, le filet de porc, le lard, le foie gras, les marrons cuits, saler, poivrer.
Ajouter le marc égrappé. Malaxer au mixer pour obtenir une pâte fine et lisse. Réserver.
Dans une cocotte, mettre les oignons pelés, les échalotes restantes pelées et émincées, l'ail pelé, les blancs de poireaux.
Disposer sur le dessus les ailerons. Saler, poivrer.
Mouiller avec du vin jusqu'à couvrir à peine les ailerons.
Couvrir et mettre à four doux (th. 3/4) pendant 40 minutes.
A ce terme ôter les ailerons et les mettre à refroidir.
Oter et mettre à réserver les légumes.
Jeter le jus restant et nettoyer la cocotte.
Quand celle-ci est refroidie, bien la beurrer.
Mettre dans le fond bien à plat les ailerons, les garnir de la farce en la serrant bien à la spatule sur les ailerons.
Dans les interstices et sur le dessus, bien serrer les légumes (poireaux, oignons, ail, échalotes). Arroser d'un peu de vin.
Couvrir et remettre à four doux (th.3-4) pendant 45 minutes.
Servir chaud accompagné du même vin à température (8/10°).

L'agneau de lait au Saint Véran

Si vous avez le bonheur de voir un jour à l'étal de votre boucher de l'agneau de lait, c'est-à-dire un agneau qui n'a jamais été nourri qu'au lait de sa mère, n'hésitez pas. Faites-vous une fête de cette chair pâle (blanc rosé) moins odorante que celle de l'agneau proprement dit, mais tellement plus tendre.

Point n'est besoin de prendre le gigot, hors de prix, mais tout simplement le collier et les côtes, voire le carré.

Courez chez votre marchand de vin ou puisez dans votre cave et prenez une bouteille de Saint Véran pour la préparation.

Et mettez au frais une bouteille de Santenay. Pour accompagner.

C'est à l'occasion d'un voyage œnologique en Bourgogne que je fus initié à la dégustation de ce mets délicat et sublime à la fois.

Je n'irai pas jusqu'à affirmer qu'il est d'une simplicité enfantine mais tout à fait entre nous, il n'a rien de vraiment compliqué à réussir.

Pour 4 personnes

1 bouteille de Saint Véran
1,500 kg d'agneau de lait
30 gr de beurre
30 gr de lard frais maigre
2 citrons
1 oignon
3 œufs
Farine
Persil, Marjolaine, sel, poivre

Détailler l'agneau en morceaux, frotter ceux-ci avec les citrons coupés en deux.
Dans une casserole mettre à fondre le beurre.
Couper le lard en dés.
Peler et émincer l'oignon.
Mettre à revenir dans la casserole les morceaux de viande, les lardons et l'oignon.
Saler, poivrer.
Quand le tout a pris couleur, mouiller avec 15 cl de Saint Véran.
Laisser à mijoter à feu doux.
Ajouter de temps en temps un peu d'eau chaude (1 cuiller) pour délayer le fond qui se formera.
Après 1 heure, ôter les morceaux de viande.
Les réserver au chaud.
Séparer les jaunes des blancs des œufs.
Battre les jaunes avec une cuiller de farine dans un bol.
Hacher le persil (3 cuillers) mettre une pincée de marjolaine, jeter le tout dans le bol avec les jaunes d'œufs et la farine. Mouiller avec le jus d'un demi-citron.
Ajouter un peu de zeste de citron râpé finement.
Bien mélanger le tout. Incorporer ceci au fond de sauce. Mouiller avec un trait de Saint Véran pour obtenir une sauce légère comme une crème anglaise.
Napper les morceaux d'agneau de cette sauce.
Accompagner de petites pommes rissolées.
Servir avec un Santenay frais (10-12°).

Histoire d'asperges...

Nous arrivons en pleine saison des asperges que Pline l'Ancien désignait sous le qualificatif "d'adorables asperges"

Ce brave Pline naturaliste romain du 1er siècle, amiral, procurateur et écrivain, mourut atrocement en 79 dans l'éruption du Vésuve qui ensevelit Pompéï.

Voici une historiette authentique à propos de la façon de déguster cet adorable légume.

Fontenelle (c'est Brillat Savarin qui nous relate cette anecdote) neveu de Corneille, mourut centenaire en 1757. Mais c'était un fin gastronome, ce qui était rare chez les philosophes... Il n'aimait les asperges que tout simplement accompagnées d'une vinaigrette.

Un soir alors qu'il avait 93 ans, il invite à dîner son cadet, l'abbé Terrasson, 80 ans, professeur au Collège de France, membre comme lui de l'Académie Française et de l'Académie des Sciences.

Comme il y avait des asperges au menu, il demande à son invité comment il souhaite les déguster : "A la sauce blanche bien évidemment" lui répondit Terrasson.

Fontenelle, décu, agacé mais courtois, dit à son cuisinier de les accommoder chaudes à la sauce blanche.

Mais au moment de passer à table ne voilà-t-il pas que l'abbé Terrasson est soudain terrassé par la Grande Camarde et meurt sur l'instant.

Alors Fontenelle, voyant que tout soin était inutile, courut vers la cuisine et cria : "Pas de sauce blanche pour les asperges... une bonne vinaigrette !"

Le lendemain Fontenelle confiait à l'un de ses intimes "ce pauvre " vieil" abbé avait décidément plus d'érudition que de goût..."

Cette anecdote n'a pas mis un terme à la querelle opposant les tenants de l'une ou l'autre sauce.

Pour ma part, je les goûte avec autant de plaisir de l'une et l'autre manière, encore que désormais je me les préfère à la breuilloise. C'est-à-dire une béchamel au champagne et au brie de Meaux.

On est Briard ou pas que diable !

L'ananas à la glace banane-Cointreau

Dessert vacances, mets rafraîchissant mais délice du midi ou du soir.

Il s'agit de l'alliance de l'ananas, de la banane et de cette liqueur douce et violente à la fois qu'est le Cointreau.

Une très ancienne recette de famille que l'on ne trouve guère dans les commerces de bouche. Allez savoir pourquoi ? Peut-être le prix de l'ananas. Sûrement pas celui de la banane.

Allons, trêve de plaisanterie, je vous livre ici cette recette retrouvée mais diablement séduisante et succulente.

Pour 4 personnes

1 ananas moyen (7. à 800 gr)
2 bananes
300 gr de sucre en poudre
3 blancs d'œuf
10 cl de crème fraîche
1 citron
Cointreau

Peler les 2 bananes, les passer au mixer, y ajouter 200 gr de sucre en poudre, le jus du citron, un petit verre de Cointreau et 10 cl de crème fraîche.
Bien battre le tout au fouet jusqu'à obtention d'une crème onctueuse.
Mettre cette crème en sorbetière au réfrigérateur (compartiment à glacons).
Mettre la sorbetière en route. Arrêter quand la glace est prise.
Couper l'ananas en 4, ôter la fibre centrale.
Evider la chair et la détailler en gros dés.
Dans un saladier, mettre ces dés d'ananas, jeter en pluie 50 gr de sucre en poudre dessus. Verser sur le tout un verre de Cointreau et laisser à macérer au réfrigérateur pendant une heure.
Dans un bol, battre en neige les blancs d'œufs très fermes.
Prendre les 4 écorces d'ananas et dans chacune mettre une couche de glace, une couche de dés d'ananas et une couche de blancs en neige.
Saupoudrer de sucre en poudre.
Mettre à dorer quelques instant sous la salamandre du four.
Servir aussitôt accompagné de cigarettes russes et d'un Monbazillac bien frais.

L'ananas glacé des îles de France

On me fait le reproche, parfois, de ne point donner de recettes de desserts. C'est vrai que les desserts aux vins sont moins nombreux que les plats dits de « résistance «.

J'ai donc cherché dans mes souvenirs un dessert original pour un repas de fête où le champagne est de la partie, et le vin dans la préparation.

Et je me suis souvenu d'un dessert succulent à base d'ananas que m'avait fait déguster une maîtresse de maison, un soir de réveillon, chez des amis des bords de Marne.

J'en ai gardé l'éblouissant souvenir et comme j'avais pris des notes pieusement conservées, je vous restitue ici cette recette succulente, et finalement très facile à réussir.

Pour 4 personnes

2 ananas de Côte d'Ivoire
1 bouteille de rhum blanc des Antilles
(La Mauny par exemple)
1 bouteille de champagne
1 bouteille de Pouilly-sur-Loire
1/2 litre de crème glacée (recette jointe)
300 gr de sucre cristallisé blanc
6 œufs
1 zeste de citron
1 baton de vanille

Pour la crème
1/2 litre de lait
1 bâton de vanille
4 jaunes d'œufs
30 cl de crème fraîche
150 gr de sucre en poudre
1 pincée de sel

Crème glacée :
Couper le bâton de vanille en deux, dans le sens de la longueur.
Le mettre dans une casserole avec 1/2 litre de lait.
Porter à ébullition.
Dans une jatte, mettre 4 jaunes d'œufs, 150 gr de sucre en poudre, une pincée de sel. Battre au fouet et incorporer le lait vanillé bouillant, petit à petit, en fouettant sans cesse.
Mettre cette casserole à feu doux et faire épaissir sans bouillir.
Puis, fouetter la crème fraîche bien ferme.
Mettre la crème refroidie au réfrigérateur dans le bac à glace.
Laisser prendre.
Quand la glace prend, y incorporer la crème fouettée et remettre à glacer.
Peler les ananas et les trancher en rondelles épaisses de 1 cm.
Mettre ces tranches à rafraîchir dans le réfrigérateur.
Prendre les jaunes des 6 œufs et les mélanger au fouet avec les 300 gr de sucre cristallisé dans une casserole à fond épais.
Y ajouter le zeste de citron, coupé en lanières, 3 cuillers à soupe de rhum blanc, 15 cl de Pouilly et le bâton de vanille fendu en 2, dont on aura extirpé les grains avec un couteau. Jeter l'écorce.
Poser la casserole sur une source de chaleur à 40-50° et battre au fouet jusqu'à épaississement.

Mettre un saladier vide au congélateur pour le rafraîchir.
Puis en garnir l'intérieur avec la crème glacée. Poser dessus les tranches d'ananas glacé. Puis napper le tout avec le Sabayon filtré dans une passoire à mailles moyennes.
Servir avec un champagne Laurent Perrier cuvée Grand Siècle à 8-10°
et accompagner de tuiles ou gâteaux sablés de l'ami Poilane.
C'est délicieux et superbe. Surtout si, de surcroît, vous avez décoré votre dessert de fruits confits de toutes les couleurs.
Le mariage chaud-froid est superbe et surprenant.

Ce soir Lucullus dîne chez Lucullus

Qui n'a entendu ce propos lorsqu'un gastronome veut faire remarquer qu'un autre gastronome reçoit chez lui et qu'il fait la cuisine comme un vrai cordon bleu ?

Cette expression vient d'un lointain passé. En 74 (avant J.-C.) le général romain Lucius Livinius Lucullus passait pour fin gourmet. Homme de guerre, mais politique avant tout, il tenta de faire échec à l'ascension de Pompée.

N'y réussissant point il s'adonna à l'esprit et surtout à l'esprit de la table.

Gourmet et gourmand, il ordonnait comme personne un repas ou une réception, sachant allier la finesse à la recherche.

Un soir, son cuisinier, qui n'avait pas la vie belle, le sachant seul à diner, lui prépara un repas simple, sans plat particulièrement élaboré.

Lucullus lança alors cette phrase qui devait passer à la postérité et l'immortaliser : "Ce sont les jours où je suis seul à table qu'il faut soigner mon dîner, car ce jour-là Lucullus dîne chez Lucullus !"

A noter que cet archétype du gourmet et du gastronome importa pêchers et cerisiers à Rome et entretenait de monumentaux viviers à Naples alimentés naturellement en eau de mer par un tunnel sous-marin.

L'anguille mijotée Val d'Yerres

Une recette offerte par Gérard Vaschalde (Le Dauphin 77370 Nangis) qui allie à ses talents de maître queux ceux de chasseur et de pêcheur. Il est aussi très fort au ... billard.

Ce cuisinier dynamique est reconnu pour son goût de la recherche et de l'invention mais surtout pour son respect d'une certaine tradition. Celle du bon goût et de l'alliance des arômes parfaite.Cette anguille mijotée en est une parfaite illustration.

Pour 4 personnes

1 belle anguille de 1 kg à 1,200 kg
1 botte de ciboulette,
150 gr de beurre
25 cl de Chablis
4 échalottes,
1 bouquet garni
1 botte d'asperges (fraîches de préférence)
1 tranche de pain de mie (pour confection de croutons)
20 cl de crème fraîche

Dépouiller et vider l'anguille ; ciseler au couteau sur toute la longueur, tronçonner en morceaux de 5 cm.
Réserver la tête et la queue qui serviront à la confection du fumet.
Cuisson de l'anguille : Faire suer les tronçons au beurre, tête et queue comprise, avec les échalotes hâchées jusqu'à raidissement complet.
Mouiller avec 25 cl de vin blanc et 25 cl d'eau, ajouter le bouquet garni, poivre au moulin, laisser cuire pendant 20 minutes environ ou plus selon grosseur.
Pendant la cuisson de l'anguille, cuire la botte d'asperges préalablement épluchées, lavées, bottelées.
Tenir au tiède jusqu'au moment de la dégustation.

La sauce : Après avoir vérifié la cuisson des tronçons d'anguille, sortir ceux-ci et les ranger dans une cocotte en fonte émaillée sauf la tête et la queue qui n'ont servi qu'à l'amélioration du fumet ; réduire ce fumet de moitié ; ajouter les 20 cl de crème fraîche et lier avec un peu de beurre manié (beurre pommade mélangé à 50 gr de farine).
Lorsque la sauce est bien onctueuse, rectifier l'assaisonnement, ajouter les ciboulettes fraîchement hâchées et inonder les tronçons de cette merveilleuse crème d'anguille.
Autour du plat de service, disposer les 4 croutons taillés en cœur, que l'on aura fait dorer au beurre dans une poële.En garniture servir les pointes d'asperges (en bouquets) étuvées au beurre.
Servir le tout très chaud.

Apéritif gourmand du Quercy

A l'occasion d'un séjour en Quercy, j'ai découvert un apéritif surprenant autant qu'agréable dû à l'imagination fertile d'un hôtelier restaurateur de Gourdon qui a quitté sa " Truffière" parisienne pour un retour un pays de ses aïeux.

Cet apéritif il l'a baptisé le Fénelon.

Peut-être parce qu'il exploite un merveilleux hôtel installé dans un ancien séminaire désaffecté ?... allez savoir...

A noter que François de Salignac de la Mothe-Fénelon fut un authentique périgourdin. Rien d'étonnant dès lors qu'un Quercinois ait donné son nom à une composition dans laquelle entre (entr'autres) du suprême de noix.

Mais en voici la recette telle qu'a bien voulu me la révéler son auteur :

1 bouteille de Cahors
10 cl de crème de cassis
10 cl de suprême de noix

Mettre au frais pendant 8 heures avant de servir.

C'est frais, pas trop sucré et vous met en joie et en... appétit.

A consommer toutefois avec modération car cela pèse quand même entre 14 et 16° selon le dosage du barman.

Les artichauts au Royal à la barigoule

Le petit artichaut violet se mange cru et entier. Par contre, les gros artichauts verts se consomment cuits et surtout très frais car ce légume ne se conserve pas facilement même au réfrigérateur.

Voici une recette d'artichaut au Royal et à la barigoule dégusté en l'Ile de Ré.

Le Royal est un cépage blanc cultivé dans l'île, un V.D.Q.S. qui vaut entre 19 et 20 F la bouteille mais qui est fort agréable à boire. Tout comme il est plaisant en cuisine.

C'est une recette de l'île de Ré, même si un pont majestueux et bien pratique a remplacé l'antique bac qui menait de La Rochelle à Sablanceau. Aujourd'hui on paie un péage et roule... jusqu'à l'île devenue de ce fait une... presqu'île. Ce que refutent les... îliens. Et ils ont raison.

Pour 4 personnes

1 bouteille de Royal (ou de muscadet)
4 gros artichauts
100 gr de mie de pain de campagne rassis
200 gr de lard maigre frais
1 oignon
2 gousses d'ail
30 gr de beurre
1 œuf

Thym - laurier - persil
Huile d'olive
Poivre - sel
Un peu de lait

Couper la queue des artichauts. Oter les feuilles extérieures.
Laver les artichauts. Couper les feuilles du tour à mi-hauteur.
Dans un fait-tout, mettre de l'eau salée à bouillir.
Y tremper les artichauts pendant 10 minutes.
Les ôter ensuite et les mettre à l'envers sur un linge à égoutter.
Ensuite avec un couteau pointu, les creuser côté feuilles jusqu'à ôter le foin.
Préparer une farce avec la mie de pain trempée dans du lait et essorée.
Ajouter le lard haché fin, l'oignon pelé et haché, l'ail pelé et haché, une cuiller à soupe de persil haché et un œuf entier. Sel, poivre.
Bien mêler le tout dans une jatte.
En garnir chaque artichaut.
Dans une cocotte, mettre 1/2 verre d'huile d'olive et 30 gr de beurre à chauffer.
Disposer dans cette cocotte les artichauts debout et laisser à revenir à feu vif pendant 10 minutes.
Mouiller alors avec 10 à 15 cl de Royal ou de Muscadet.
Mettre à côté des artichauts une branche de thym et une feuille de laurier.
Poivrer le tout au moulin.
Couvrir et laisser à cuire à couvert pendant 40 minutes à feu doux.
A ce moment, ôter les artichauts délicatement
et les dresser sur un plat chaud.
Oter le thym et le laurier.
Faire réduire la sauce à feu vif.
En napper les artichauts.
Servir avec un Royal bien frais (9-10°).

Asperges au brie et au champagne

L'asparagus, nom donné en botanique à cette herbacée née autour du bassin méditerranéen et cultivée par les Romains, qui les consommaient fraîches ou les conservaient séchées pour s'en régaler hors saison, fait aujourd'hui le régal des gourmets.

Ce fut jusqu'à la Révolution un mets de luxe réservé à l'Aristocratie. On dit qu'Henri III aimait à en servir à ses mignons (à cause du symbolisme peut-être...). Louis XIV qui n'était pourtant point gourmet s'en régalait dès avant la Noël...

Mme de Maintenon la tenait pour aphrodisiaque et dans les soirées du parc aux Cerfs chez le Régent on en faisait force consommation.

Aujourd'hui l'asperge entre non seulement dans de nombreuses recettes gastronomiques mais a réussi à s'implanter en... diététique malgré sa réputation de favoriser la secrétion d'acide urique.

Mais comme toute bonne chose il suffit de n'en point abuser.

Cela étant c'est un légume succulent qui constitue toujours une entrée savoureuse voire un accompagnement de plat original et noble.

Une bonne asperge doit être craquante, fragile et juteuse. La meilleure est celle cueillie du jour. Voire de la veille. Après, elle se dessèche et perd beaucoup en goût et en texture.

Avec le printemps on retrouve sur les étals les succulentes asperges dont il existe plusieurs variétés dont la grosse blanche, la violette et la sauvage verte et fine. Chacune ayant ses partisans, je me garderai bien de décider laquelle est la meilleure.

Pour ma part, je les aime toutes selon la manière dont je m'en régale. Mais la meilleure est encore celle que l'on va cueillir soi même ou découvrir à l'état sauvage.

Voici une recette originale qui en surprendra plus d'un car je me suis amusé à la faire pour marier trois produits, à savoir : le brie, le champagne et l'asperge.

Le champagne venait d'entre Charly et La Ferté-sous-Jouarre, le Brie de Meaux et les asperges de la ferme Chabot à Jablines.

Je vous livre cette recette originale qui a eu l'heur de plaire et même d'étonner mon vieil ami Pierre Androuët, le pape du fromage, le prince de la cuisine aux fromages.

Pour 4 personnes

1 bouteille de champagne brut
1 kg d'asperges
1/8 de brie de Meaux fait à cœur
Sel, poivre
Ciboulette
3 échalotes grises

Couper le bout terreux de la queue des asperges.
Peler les asperges pour les débarasser de leur fils.
Mettre ces asperges dans la partie haute d'un cuit-vapeur.
Les faire cuire à la vapeur pendant 30 minutes.
Réserver au chaud dans le cuit-vapeur couvert mais hors la flamme.
Dans une casserole à fond épais, mettre un verre de champagne. Peler et hacher finement les échalotes et les mettre dans la casserole sur une flamme moyenne.
Porter à ébullition et faire réduire à moitié.
Ecroûter le brie et le détailler en cubes.

A l'aide d'une spatule, faire fondre le brie morceau par morceau dans la réduction de champagne et d'échalotes jusqu'à obtenir une crème onctueuse.
Ajouter au fur et à mesure un peu de champagne pour que la consistance reste crèmeuse.
Saler et poivrer légèrement.
Dresser les asperges sur assiette, napper les pointes d'un peu de cette sauce bien chaude et parsemer un peu de ciboulette hachée sur le tout.
Servir aussitôt accompagnées d'un champagne bien frais (8/10°).
Une entrée briarde dont vous me donnerez des nouvelles.

Banane surprise

Un dessert aux arômes exotiques ; Surtout si l'on emploie du sucre roux et du rhum brun.

Une surprise plus qu'agréable à se régaler mais aussi en toute saison. Finalement un peu de soleil d'Outre-mer dans la grisaille héxagonale.

Pour 4 personnes

4 bananes,
100 gr de sucre,
2 œufs,
Une cuillère à café de rhum.
1 sachet de sucre vanillé

Retirer une languette de peau sur toute la longueur des bananes, afin de pouvoir retirer la pulpe sans abîmer la peau.
Ecraser cette pulpe à la fourchette et lui ajouter sucre, sucre vanillé, jaunes d'œufs, enfin blancs en neige. Garnir les peaux avec cette crème, saupoudrer de sucre et faire caraméliser au four.
Servir chaud.

AU PLANTEUR
DENRÉES COLONIALES
H. DUMONT
25, Rue de la Chaussée-d'Antin, 25
PARIS
DEBERNY

Le bar au Chusclan

Parmi les poissons de mer, il en est un dont je ne cesse de me régaler. C'est le bar. En Bretagne, on l'appelle bar et en Méditerranée loup. Mais c'est le même poisson !

Sa chair blanche est délicieuse autant que délicate.

J'ai souvenance de la manière dont le préparait le regretté Arthur Keller en son Auberge de Quincangrogne à Dampmart.Cuit vapeur et accompagné d'une sauce hollandaise. Tout simplement. Quel régal !

Paul Bocuse s'est fait une spécialité de son loup en croûte. Mais voici une recette différente de bar. Au Chusclan.

Le Chusclan est un vin des côtes du Rhône agréablement charpenté, tanique et tenant bien à la cuisson.

En voici la recette :

Pour 4 personnes

1 bouteille de Chusclan
1 bar de 1 kg
40 gr de beurre
125 gr de champignons
3 échalotes
1 carotte
Poivre en grain blanc
Sel
Persil

Faire vider, écailler et parer le bar par le poissonnier si l'on ne sait pas le faire soi-même.

Dans une cocotte ovale, mettre les échalotes pelées et coupées en rondelles, les champignons lavés et émincés, le persil émondé, les grains de poivre (15 à 20), saler légèrement.

Mettre 20 gr de beurre en petits morceau. Mettre sur la source de chaleur à feu doux.

Quand le beurre est fondu, mettre le bar à rôtir sur toutes ses faces à découvert.

Mouiller alors avec la bouteille de Chusclan.

Ajouter 20 gr de beurre.

Laisser à mijoter à feu doux pendant 1/2 heure.

A ce terme, ôter délicatement le poisson et le mettre à réserver au chaud sur un plat creux.

Augmenter la chaleur sous la cocotte et faire réduire la sauce.

Quand la sauce a réduit de moitié, la passer au tamis sur le bar.

Accompagner de pommes vapeurs et d'un Chusclan à 14-15° de température.

Beignets aux fleurs d'accacia

En Brie, il est de coutume à la saison où les accacias sont en fleurs de se régaler de beignets de ses fleurs.

Cela a un goût très particulier, très fin qui enchante le palais.

Le fin du fin est de faire une pâte à beignets aromatisé au marc de champagne et d'y incorporer les blancs battus en neige pour la rendre plus légère encore.

Cueillir de belles fleurs d'accacia par grappes entières.
Faire une pâte à crêpe épaisse aromatisée au marc de champagne.
Tremper les grappes d'accacia dedans.
Plonger les grappes dans l'huile bien chaude. (Huile de tournesol ou arachide -180°)
Bien dorer et les égoutter sur un plat recouvert d'un linge propre.
Saupoudrer de sucre en poudre.
Vin d'accompagnement : un verre de champagne.

Beignets aux fruits à la « Fleur de bière »

Voici une recette que m'a fait parvenir mon excellent ami Jean-François Blanc (La Taverne Kronenbourg à Paris) et que je me fais un plaisir de vous offrir en son nom.

A la Taverne je me fais souvent une joie de plats inventifs à la bière, aux vins d'Alsace et de bœuf de Coutancy. Cette véritable ambassade d'Alsace sur les grands boulevards est aussi le temple de l'esprit et des arts où l'on rencontre des artistes, des écrivains, des peintres et des gens d'esprit. Tous de bon goût et au palais affiné.

Voici donc une recette de dessert de saison à base de fleur de bière. Fleur de bière que l'on se procure dans les épiceries fines et magasins d'épices et aromates.

Dans tous les cas une recette délicieuse et légère.

Merci Jean-François !

La pâte :

500 gr de farine
2 pincées de sel
2 cuillers à soupe de sucre
3 dl de fleur de bière
4 dl d'eau tiède
4 cuillers à soupe de beurre
4 œufs

Les fruits :

6 belles pommes de reinette
4 belles tranches d'ananas
2 bananes
2 dl de fleur de bière
200 gr de sucre.

Préparation de la pâte :

Mettre la farine, le sel, le sucre et les 4 jaunes d'œufs dans une terrine. Délayer avec la fleur de bière et l'eau tiède. Ajouter le beurre et laisser reposer le tout 2 heures. A la fin de ce temps de repos ajouter les 4 blancs d'œufs battus en neige.

Préparation des fruits :

Avec un emporte-pièce, retirer les cœurs des pommes et des ananas. Couper les fruits en rondelles (environ 7 mm d'épaisseur), les saupoudrer de sucre semoule mêlé de fleur de bière, couvrir et laisser macérer 20 minutes.
Puis incorporer les rondelles de fruits dans la pâte avant de les plonger dans une friture très chaude.
Laisser dorer puis égoutter sur un linge.
Saupoudrer les beignets de sucre semoule mélangé à de la cannelle puis dresser sur une assiette chaude avec une gelée d'abricot parfumée à la fleur de bière.

Les beignets de fraises au Cornas

Les premières fraises du midi vont bientôt colorer les étals sur les marchés et en parfumer l'atmosphère.

Mais avant, seront arrivées celles d'Espagne et d'Afrique.

Moins parfumées et un peu moins sucrées que nos délices du Périgord, on peut quand même s'en régaler. Par exemple en beignets.

Mais oui. Avez-vous déjà dégusté des beignets de fraises ? Essayez, vous m'en direz des nouvelles.

En voici une recette dont je ne me lasse pas tant elle est simple et délicieuse.

Une obligation ; prendre des fraises mûres mais fermes. Sinon elles se déliteraient au traitement qu'il faut leur faire subir.

Pour 4 personnes

1 bouteille de Cornas (Côtes du Rhône rouge)
250 gr de fraises
100 gr de sucre en poudre

Pour la pâte à beignets :
250 gr de farine
5 gr de levure de boulanger
2 œufs
25 cl de lait
Sel
Sucre en poudre (1 cuiller à café)

Laver et ensuite équeuter les fraises. Les mettre dans une jatte. Les recouvrir de sucre et verser dessus la valeur d'un tiers de la bouteille de Cornas.

Laisser macérer pendant 3 heures.

Préparer comme suit la pâte à beignets.

Délayer la levure dans un peu de lait tiède.

Verser au centre de la farine tamisée, dans une jatte.

Ajouter une pincée de sel et une cuiller à café de sucre.

Délayer peu à peu avec le lait tiède et les jaunes d'œufs jusqu'à obtenir une pâte lisse.

Battre les blancs pendant une minute à la fourchette dans un bol ; les ajouter dans la pâte.

Laisser à reposer pendant 2 heures.

Egoutter les fraises dans un égouttoir.

On peut ajouter 2 cuillères de la marinade dans la pâte à beignets.

Mettre la friture à chauffer à 170°.

Tremper les fraises dans la pâte et mettre en friture chaude.

Quand les beignets sont dorés, les ôter et les mettre sur du papier absorbant.

Les saupoudrer de sucre et servir chaud.

Accompagner d'un Baume de Venise frais.

Beignets de gambas au Libaio

Une recette originale, qui est à la vérité italienne. Mais que l'on peut fort bien réussir en France si l'on possède tous les ingrédients nécessaire à sa réussite.

Mais rendons à César ce qui appartient à Jules, l'ayant ramenée du pied de la Botte, je vous la livre telle qu'il m'a été donné de la déguster en divers lieux de l'ex-empire romain où pour certains mets, on sait ce que gastronomie veut dire.

J'en profite pour célébrer ainsi un vin superbe venu de Toscane et distribué en France par Ruffino (on le trouve à un prix très raisonnable chez Fauchon). Il s'agit du Libaio (on peut très bien utiliser un Tursan blanc ou un Juranson sec)

Voici donc cette recette de beignets de gambas au Libaio.

Pour 4 personnes

8 Gambas moyennes cuites
8 cuillers à soupe d'huile d'olive
Le jus d'un demi-citron
4 cuillers à soupe de Libaio ou de Tursan blanc ou de Jurançon sec
1 gousse d'ail
8 grains de poivre blanc
1 brin de persil
2 citrons

Pâte à beignet à l'italienne, c'est à dire avec les blancs montés en neige et réincorporer la pâte doucement, après que celle-ci aura reposé pendant 1 heure.
Sauce mayonnaise avec câpres écrasées et ail pilé.
Enlever la carapace des gambas.
Couper les corps en deux dans le sens de la longueur.
Mettre ceux-ci à mariner pendant 2 heures dans un plat avec l'huile, le jus de citron, le vin, l'ail écrasé, les grains de poivre écrasés, le brin de persil.
Bien retourner les gambas tous les 1/4 d'heure
Préparer pendant ce temps la pâte à beignets et incorporer juste avant de s'en servir les blancs battus en neige, à la spatule.
Eponger les gambas et les tremper une à une dans la pâte.
Mettre à frire dans une huile à 170°.
Quand les beignets sont dorés les ôter délicatement et les mettre à essorer sur du papier absorbant.
Les servir chauds avec la sauce dans laquelle on aura incorporé un peu de la marinade passée.
(On peut aussi réaliser cette recette avec des langoustines ou de grosses crevettes roses).
Accompagner du même vin qui aura servi à la marinade et d'un demi-citron par personne.
C'est léger et délicieux.

Les beignets de gambas au Listel blanc et à la bière

Je ne sais pas si vous êtes comme moi, mais les gambas cuites à l'huile ou grillées à sec me semblent bien mises à mal selon ce procédé.

Alors que la chair de cette grosse crevette méditerranéenne (on en trouve aussi en Atlantique) pêchée en eaux profondes, mérite mieux et plus original pour en goûter et percevoir toutes les saveurs et en apprécier la délicatesse de la chair.

Voici une recette extrapolée de celle des beignets de langoustines dont vous me direz des nouvelles pour peu que vous utilisiez un vin blanc des sables comme le Listel.

Essayez, vous verrez si je galège...

Pour 4 personnes

1 bouteille de Listel blanc
4 belles gambas ou encore des cigales de mer
5 cuillers à soupe d'huile d'olive
Le jus d'un demi citron
1 gousse d'ail
5 grains de poivre
1 branche de persil
2 citrons

Pour la pâte à beignets
100 gr de farine
4 gr de levure de boulanger
4 œufs
5 cl de lait
1 canette (20 cl) de bière blonde
Sel, poivre

Tout d'abord préparer la pâte à beignets.
Délayer la levure dans 5 cl de lait tiéde.
Séparer les blancs des jaunes des œufs.
Battre les blancs en neige bien dure.
Mettre dans la farine la levure délayée et les jaunes d'œufs.Saler, poivrer.
Mêler le tout en y incorporant la bière petit à petit.
La pâte ne doit pas être trop liquide mais bien crémeuse.
Couvrir et laisser reposer dans un endroit chaud (four ouvert chauffé à 35/40°).
Pendant ce temps, cuire à la vapeur d'algues les gambas (demander des algues au poissonnier).
Laisser refroidir. Ecaler les gambas et les couper en morceau x(2 ou 3), mettre ces gambas à mariner dans l'huile, le jus de citron, 10 cl de vin blanc Listel, ail, grains de poivre pilés et la branche de persil.
Bien retourner les morceaux dans la marinade et les éponger.
Mêler alors les blancs en neige à la pâte à beignet à la spatule.
Sortir les gambas de la marinade et les éponger.
Tremper ces morceaux de gambas dans la pâte à beignets et mettre dans la friture chaude (170°).
Quand les beignets sont bien gonflés et dorés, les mettre à égoutter sur du papier absorbant et servir avec une sauce rose (mayonnaise colorée à la sauce tomate concentrée ou au ketchup épicé.
Déllcieux en entrée avec un Listel blanc bien frais (9/10°).

Les beignets normands (ou briards)

A peine digérés les excès de Noël et du jour de l'An. A peine partis les rois avec leurs galettes, voici que notre organisme doit encore faire « l'effort» d'ingurgiter les crêpes de la Chandeleur dès le 2 février.

Seule fête religieuse au milieu des fêtes d'origines païennes antérieures au christianisme ? Peut-être, mais pas sûr, car si son nom vient de chandelle c'est à dire cierge purificateur des relevailles de la Vierge Marie et de la présentation de Jésus au Temple, elle n'en constitue pas moins la première des fêtes du Carnaval, période de folles réjouissances aux rites magiques venus du fond des âges.

Quoi qu'il en soit, régalons-nous de crêpes, de cidre, de champagne et réjouissons-nous en famille de ces délicieuses pâtisseries.

C'est le temps des crêpes mais aussi des beignets.

Voici une recette normande de beignets dans laquelle entrent avec bonheur le cidre (qui peut être de Brie) et le Calvados.

Pour 4 personnes

250 gr de farine
1 bouteille, de cidre
10 cl de Calvados
250 gr de sucre en poudre
25 cl de lait
500 gr de pommes Faro ou Melrose
1 pincée de sel

Dans une jatte bien mélanger la farine, 150 gr de sucre, le sel.
Creuser un puits et y verser à petites doses et alternativement le lait et le cidre.
Bien malaxer le tout au fur et à mesure.
Couvrir et laisser à reposer pendant une demi-heure.
Peler, épépiner et couper en rondelles fines les pommes.
Mettre à macérer dans le Calvados avec 50 gr de sucre.
Mettre la friteuse à chauffer à 150° /170° .
Tremper chaque rondelle dans la pâte et la plonger dans la friture chaude.
Retourner à mi-cuisson pour que les deux côtés soient bien dorés.
On peut faire 4 beignets à la fois mais guère plus (selon diamètre de la friteuse).
Quand les beignets sont cuits, les sortir à l'écumoire, les égoutter les saupoudrer de sucre et réserver au chaud.
Déguster chaud avec du cidre bouché ou du champagne.
C'est sublime.

Beignets de pommes à l'impériale

Encore une recette offerte par Pascal Tingaud l'Auberge de Condé à la Ferté-sous-Jouarre (77)

La meilleure preuve de l'ingéniosité gourmande de ce jeune chef de talent. L'alliance de la pomme et de la Mandarine Impériale est absolument réussie et c'est délicieux à savourer.

Avec ces beignets...impériaux il ne peut y avoir qu'un champagne pour les accompagner avec élégance.

Pour 4 personnes

6 belles pommes (Reine des Reinettes par exemple)
Pâte à frire
Eau de vie de cidre
Mandarine Impériale

Peler et épépiner les pommes.
Les couper en rondelles de 4 m/m d'épaisseur.
Les mettre à mariner dans de l'eau de vie de cidre pendant une nuit entière.
Faire une pâte à frire que l'on parfumera à la Mandarine Impériale.
Tremper les rondelles de pomme dans la pâte et les jeter dans l'huile à friture chauffée à 180°
Servir avec une marmelade d'orange.

Blanquette de soles et St Jacques aux petits légumes

Depuis qu'il a pris la successsion de son père René qui fut et reste mon ami de toujours (nous avons usé nos fonds de barboteuses sur les mêmes bancs) Hervé Giliams (L'Aigle d'Or à Croissy Beaubourg 77) vole de succès en succès. Jusqu'à franchiser son nom au Japon !..

Il m'a offert cette recette à ses débuts. Quand je la refais je constate que c'était déjà du pur art.

Pour 4 personnes

2 soles de 600 gr en filets
600 gr de St Jacques
200 gr de choux-fleur
200 gr de carottes
15 petits oignons nouveaux
200 gr de haricots verts
2 échalotes, sel, poivre
3 cuillères à soupe de beurre Randi
3 verres de fumet de poissons
1 verre de Chablis

Eplucher les légumes, les faire cuire à l'eau bouillante, en les gardant croquants. Hacher l'échalote.

Mettre les filets de poisson et les St Jacques dans une sauteuse avec l'échalote hachée, déglacer avec le Chablis puis mouiller avec le fumet et 2 cuillers de crème.
Faire cuire les filets et les St-Jacques 5 minutes à petits bouillons.
Dès qu'ils sont cuits, les égoutter et les garder au chaud.
Faire réduire le liquide de cuisson de moitié, ajouter l'autre cuillerée de crème et le beurre Randi et lier en dehors du feu. Saler, poivrer.
Dresser les filets et les St Jacques sur un plat, disposer les légumes en variant les couleurs. Napper avec la sauce.
Accompagner d'un Chablis frais (8 à 10°)

Bœuf braisé au Cheverny blanc

Le braisage est une méthode de cuisson déliçieuse qui donne des mets fondants aux arômes incomparables.

J'ai retrouvé sur un vieux carnet de route gourmande, cette recette tout à fait traditionnelle de bœuf braisé rapportée des bords de la Loire où l'on sait bien travailler les cuissons selon cette technique.

Autant qu'il m'en souvienne, c'est du côté de Montrichard que j'ai eu la joie de cette recette gardée en mémoire... gustative.

Il s'agit tout bonnement du bœuf braisé au Cheverny blanc.

Pour 4 personnes

1 bouteille de Cheverny blanc
1kg 500 de macreuse, jumeau, culotte, griffe
1 pied de veau fendu en 2
100 gr de poitrinne de porc maigre fraîche
40 gr de beurre
4 oignons
2 clous de girofle
4 carottes
1 bouquet garni
Sel, poivre, 4 épices

Dans une casserole d'eau froide mettre le pied de veau. Porter à ébullition. Quand le pied a cuit ainsi pendant 5 à 6 minutes, l'ôter et l'éponger.
Couper le lard de poitrine en petits lardons.
Dans une cocotte, mettre à fondre le beurre à feu vif.
Y mettre à revenir les lardons, les morceaux de viande de bœuf et le pied de veau.
Ajouter 4 oignons pelés et coupés en 4, les clous de girofle, les carottes grattées et coupées en rondelles, le bouquet garni. Mouiller avec 10 cl d'eau bouillante. Saler. Poivrer. Ajouter le 4 épices.
Couvrir et mettre à feu doux pendant 1 heure.
A ce moment, ajouter 10 à 15 cl. de Cheverny blanc.
Bien mêler avec le jus de cuisson.
Fermer hermétiquement la cocotte et mettre à four chaud (th 4/5) pendant 2 heures.
Avant de servir accompagné de pommes vapeur, ôter le bouquet garni et les clous de girofle. Oter le pied de veau.
Servir avec un Cheverny blanc à 9/10° de température.
Simple et succulent.

Le bœuf au cidre francilien

Une recette francilienne. En fait, soyons honnête, elle n'est que l'extrapolation d'une vieille recette tourangelle encore que je n'en sois pas tout à fait certain, compte-tenu des ingrédients qui la composent. Qu'importe après tout, puisque l'ayant rapportée de cette province, où mes pas m'avaient conduit, je l'ai remise à mon goût en pays briard avec des produits de chez nous (enfin presque tous).

Tout d'abord, il faut avoir du bœuf d'Ile-de-France (non qu'il en soit originaire mais qu'il y ait été élevé selon des normes très sévères, ce qui lui confère une qualité exemplaire), ensuite du cidre brut et même extra brut ! c'est-à-dire sans sucre ajouté, des carottes (de Crécy?) et de la graisse d'oie de la ferme Noëfort à St Pathus 77, par exemple, où Sylvie Roche élève des oies grasses particulièrement savoureuses.

Il ne reste plus qu'à passer en cuisine.

Pour 4 personnes et plus

1 kg de paleron ou de gite
1 bouteille de cidre brut
12 oignons grelots
400 gr de carottes
200 gr de lard de poitrine maigre
500 gr de champignons de couche
Graisse d'oie
Bouquet garni

Estragon entier
Sel - poivre

Couper la viande en gros cubes de 50 gr.
Dans une cocotte, mettre deux cuillers à soupe de graisse d'oie.
Détailler le lard en lardons et mettre ceux-ci à rissoler dans la graisse d'oie.
Quand les lardons ont pris couleur, mettre la viande à dorer avec les oignons pelés.
Peler les carottes et les couper en rondelles. Mettre celles-ci dans la cocotte. Saler. Poivrer.
Verser les 3/4 de la bouteille de cidre dans la cocotte. Ajouter le bouquet garni et la branche d'estragon.
Ramener à ébullition. Couvrir. Mettre la cocotte au four chaud (th. 4) pendant 3 heures.
Au bout de 2 heures 1/2, laver les champignons après avoir coupé le bout terreux des pieds. Les éponger et les mettre dans la cocotte après les avoir fait étuver à la graisse d'oie dans une casserole.
Servir chaud dans la cocotte.
On peut accompagner soit de cidre brut, soit d'un Savennières frais, ou encore d'un vin blanc tranquille de Champagne ou d'un Chardomay frais.

Les bouchées à la reine Marie au vin et au fromage de Brie

Dans le livre « Le Brie » publié avec mon maître et ami Pierre Androuët, aux Presses du Village, j'évoquais les fameuses bouchées à la Reine Marie dont la tradition voulait qu'elles fussent inventées par Marie Leczinska, future épouse de Louis XV lors de son passage en terre de Brie à Donnemarie Dontilly. Recette perdue où oubliée.

Or je viens de tomber sur un très vieux document relatant la»naissance» de cette bouchée à la Reine, Marie.

Il y est écrit que la reine appréciait énormément le vol au vent, sorte de grande croustade feuilletée que l'on se partageait entre convives dans les repas servis "à la française" (et non à la Russe, c'est-à-dire à l'assiette comme aujourd'hui).

A Donnemarie-Dontilly, le cuisinier (dont on a pas hélas, retenu le nom) chargé de la préparation du repas voulut faire plaisir à la Reine qui aimait ce que l'on appelle, aujourd'hui les «amuse-bouche» et confectionna à son intention de petits vols au vent individuels dans lesquels il incorpora les produits du terroir (déjà !)

En voici la recette reconstituée telle que j'ai pu la déchiffrer sur ce papier retrouvé.

Pour 4 personnes

1 bouteille de vin blanc (Champagne tranquille ou Pouilly)
4 croûtes de bouchée (chez votre boulanger ou pâtissier si vous ne voulez pas les préparer vous-même)
100 gr de blanc de poulet cuit

80 gr de champignons de couche
25 gr de beurre
Sel, poivre
La valeur d'une tasse de béchamel ou de sauce blanche
50 gr de Brie de Melun écrouté
25 gr de truffe (copeaux)

Préparer une sauce blanche avec une noix de beurre, 1 cuiller de farine et 1/4 de litre de lait. Quand cette sauce est liée ajouter petit à petit le Brie de Melun écroûté.
Quand il est bien incorporé à la sauce saler, poivrer. Réserver au chaud.
Dans une casserole mettre les champignons (queues coupées et lavés) et 1 verre de Champagne tranquille ou de Pouilly (il n'y a plus de blanc de Brie bien acide...)
Saler, poivrer. Couvrir, laisser à étuver 5 minutes à feu doux.
Découvrir et laisser réduire un peu (la moitié).
Allumer le four (th. 7/8)
Couper alors les champignons en 4 et la viande en petits dés.
Mettre ensemble à blondir dans un peu de beurre à la poêle.
Incorporer alors champignons et viande avec la sauce de cuisson des champignons dans la sauce blanche.
Ajouter les copeaux de truffe.
Bien mêler le tout.
En garnir les bouchées, les couvrir de leur chapeau et passer au four pendant 5 minutes.
Servir très chaud.
Accompagner d'un Champagne pétillant ou d'un Pouilly fumé Baron de L. par exemple.
Un grand merci à la lectrice qui m'a « prêté «' ce document familial.

Le Bourguignon

On en parle. On s'en régale parfois. Mais à vrai dire rarement. Non parce que l'on ne sait plus faire. Encore que.., mais tout simplement parce que l'on ne prend plus le temps de faire.

Le bon vieux bourguignon de nos aïeux en est aujourd'hui réduit à ne nourrir le plus souvent que les animaux de compagnie, Les veinards !...

Et pourtant, c'est si bon un bourguignon mitonné avec un Nuit-St-Georges par exemple.

Je n'en veux pour preuve que celui qu'il m'a été donné de préparer pour des amis lors d'une rencontre gastronomique de spécialités des terroirs, des vrais qui font sans se vanter, plus pour la promotion des-dits produits naturels et francs que tous les soi-disant spécialistes "occasionnels" qui ne savent pas différencier un pain industriel de "viennoiserie" d'un véritable produit de boulangerie artisanale où l'on sait encore pétrir et cuire le froment selon des canons ancestraux.

Pour 4 personnes

1 kg 500 de macreuse ou flanchet ou collier de bœuf
1 bouteille de Nuit St-Georges
1 gros oignon
12 oignons grelots
2 clous de girofle
1 carotte
10 grains de poivre

100 gr de lard maigre frais
1 dé de marc égrappé
30 gr de beurre
1 gousse d'ail
1 bouquet garni
Huile d'olive
Sel, poivre, muscade

Couper la viande en dés de 5 X 5 cm.
Peler et hacher le gros oignon.
Peler et couper en rondelles la carotte.
Mêler le tout dans une terrine avec les clous de girofle, les grains de poivre.
Mettre dessus un verre d'huile d'olive.
Retourner le tout délicatement.
Mouiller avec la bouteille de nuit St-Georges.
Laisser à mariner pendant 6 heures au frais en retournant de temps en temps.
Couper le lard en petits lardons et le mettre dans un récipient creux.
Arroser avec un dé à coudre de marc.
Mettre au réfrigérateur.
Peler les petits oignons.
Mettre le beurre à fondre dans une casserole. Y jeter les petits oignons.
Sur feu doux à demi-couvert les faire dorer pendant 12 à 15 minutes.
Dans une cocotte, mettre un peu d'huile d'olive à chauffer vivement.
Y jeter les dés de viande égouttés. Les faire dorer de tous côtés.
Ajouter une cuiller à soupe de farine pour les poudrer et remuer à la spatule jusqu'à brunissement.
Mettre l'ail pelé, les lardons et le marc.

Puis ajouter la marinade passée au chinois.
Saler. Poivrer. Muscader.
Ajouter le bouquet garni.
Laisser à mijoter à feu doux pendant 2 heures 1/2.
1/4 d'heure avant la fin ajouter les petits oignons dorés.
On peut 1/2 heure avant la fin ajouter quelques pommes de terre BF 15 pelées et lavées. Elles prendront le goût de ce bourguignon sublime.
On peut accompagner ce plat de fèves au lard.
Comme vin : un Nuit St-Ceorges de bonne cuvée.
Encore meilleur réchauffé deux jours après (s'il en reste...).

Les brioches du curé au Banyuls

Le foie gras revient en force sur nos tables de fête, et nous nous préparons, en toute occasion, si nous en avons les moyens, à nous régaler, de mille et une manières.

En voici une, retrouvée au Périgord, à l'occasion d'une visite à Sarlat.

Dans cette "Rome" du foie gras et de la truffe, il est une manière quelque peu économique de s'en faire une fête que l'on désigne sous le titre de... "brioches du curé".

Avec un peu de foie gras, on peut régaler quatre honnêtes convives.

En voici la recette telle qu'elle m'a été donnée, et qui est tout à fait délicieuse.

Pour 4 personnes

1 bouteille de Banyuls
125 gr de foie de canard mi-cuit
4 petite brioches fraîches

Couper les chapeaux des brioches.
Creuser l'intérieur des brioches avec une petite cuillère (ne pas déchirer la croûte).
Mettre à macérer cette mie dans un bol avec 10 à 15 cl de Banyuls.
Découper le foie gras en dés.
Mêler délicatement la mie imbibée et les dés de foie gras.
Mettre le four à chauffer (th. 4).µ
Garnir les brioches avec la mie et le foie gras.
Couvrir avec le chapeau.
Mettre trois minutes au four.
Servir tiède, avec le Banyuls bien frais (8°).
Une entrée de fête finalement peu onéreuse. Et délicieuse.

Brocolis au jambon cru

Cette recette est d'origine italienne et même romaine. Pour autant c'est en France dont je m'en suis régalé. Et plus précisément à Toulon lors d'une escapade "marine" chez l'excellent Herrero qui tient table au port. Pour le plus grand plaisir tant des rugbymen gastronomes que des marins gourmands.

Il s'agit de brocolis au jambon cru.

Avec un blanc de Provence, c'est un régal méditerranéen qui n'a pas de frontière.

Pour 4 personnes

1kg 300 de brocolis
4 tranches de jambon de pays
1 bouteille de Côtes de Provence blanc
1/2 verre d'huile d'olive
1 gousse d'ail
1 trait de viandox
1 verre d'eau
Sel, poivre

Bien laver les brocolis, ôter les feuilles dures et les trognons trop gros.
Détailler en petits bouquets.
Egoutter soigneusement.
Dans la poêle faire chauffer l'huile d'olive.
Peler et hacher l'ail et le mettre à dorer dans l'huile.
Ajouter les brocolis. Saler. Poivrer.
Bien mélanger à la spatule. Couvrir.
Laisser cuire à feu doux pendant 1/4 d'heure à 20 minutes. Remuer de temps à autre délicatement.
Après 20 minutes, mouiller avec un verre d'eau et quelques gouttes de viandox puis un bon verre de Côtes de Provence blanc.
Détailler le jambon en petits carrés de 5 cm x 5 cm.
Mettre ce jambon dans la poêle.
Laisser cuire encore à découvert pendant 20 minutes en retournant de temps à autre les brocolis sans les écraser.
Servir avec le blanc de Provence ayant servi à la cuisson ou du blanc de Bandol à 8/10° de température.
Ce plat de légumes accompagnera avec bonheur des côtelettes de porc ou des saucisses de Toulouse rissolées.

Brochettes de foie et rognon au Coteaux de l'Ardèche

Une bonne manière de réussir brochettes et grillades sans risquer le "coup de feu", préjudiciable à la viande. C'est encore cette vieille méthode auvergnate de la pierrade. Laquelle contrairement à une idée reçue ne nous vient pas d'Asie mais bel et bien du pays des volcans du centre de la France. Là, les vieux bergers savent mieux que personne poser sur le feu des pierres volcaniques qui conduisent et conservent la chaleur sans calciner les aliments.

C'est bon, c'est sain et c'est même diététique puisque sans graisse ajoutée.

Voici une recette printanière que l'on peut donc réaliser soit à table chez soi avec une pierrade électrique moderne, soit avec une vraie pierre volcanique sur le barbecue de jardin à l'extérieur.

Cette recette de foie et rognons aux Côteaux de l'Ardèche est un avant-goût des vacances qui ravira les amateurs de plats simples, rustiques et authentiques.

Pour 4 personnes

1 bouteille de Coteaux de l'Ardèche (Gamay de l'année)
400 gr de foie de génisse
1 rognon de veau
8 tranches de lard fumé
4 tomates de Marmande

2 oignons
10 cl d'huile d'olive
4 baies de genièvre
8 grains de poivre vert
1 branche de thym
1 feuille de laurier-sauce
Sel, poivre

Nettoyer le rognon en enlevant les parties graisseuses.
Détailler le rognon et le foie en gros dés de 2 cm x 2 cm.
Mettre les dés de rognon dans de l'eau froide et porter à ébullition.
Au premier frémissement enlever les dés et les éponger.
Dans une jatte, mettre ensemble foie et rognon avec 10 cl de Coteaux de l'Ardèche, 10 cl d'huile d'olive, la branche de thym, la feuille de laurier-sauce, les baies de genièvre, les graines de poivre écrasés et une pincée de sel.
Laisser à mariner au frais pendant 2 heures en retournant les morceaux tous les quarts d'heure.
A ce moment former les brochettes en intercalant foie, roulade de lard, rognon, tomate coupée en deux, rondelles d'oignons.
Faire chauffer la pierrade et ensuite disposer dessus les brochettes que l'on fera dorer doucement sur chaque face.
Servir avec sauce moutarde, aïoli ou sauce bourguignone.
Accompagner de pommes de terre cuites au four en papillote ou dans leur peau.
Comme vin ? Un Coteau de l'Ardèche frais (9/11°).
Simple, drôle et rudement bon.

Cassolette d'agneau au Saumur-Champigny

Si la chance ou vos relations vous permettent de vous procurer à un prix raisonnable de l'agneau qui soit de l'agneau et non du mouton, rebâptisé agneau, procurez-vous une épaule et ne la faites pas en gigot, mais en cassolette au Saumur-Champigny.

C'est une recette de printemps mais que l'on peut encore et avec succès s'offrir en... automne.

C'est un plat simple et délicieux. Je vous en livre ici la recette. Régalez-vous.

Pour 4 personnes

1 bouteille de Saumur-Champigny
800 gr d'épaule d'agneau désossée
2 gros oignons
1 gousse d'ail
10 gr de sauge
10 cl de bouillon de viande
800 gr de carottes
15 gr de persil haché
5 cl d'huile d'olive
Sel, poivre, muscade

Détailler l'épaule en cubes de 5 x 5.
Peler et hacher l'oignon et l'ail.
Peler les carottes et les couper en rondelles. Dans une cocotte mettre l'huile à chauffer. Y mettre à revenir les morceaux d'agneau.
Ajouter l'oignon, l'ail, la sauge et remuer le tout pendant 3 minutes.
Ajouter les carottes. Les faire revenir.
Mouiller avec 25 cl de Saumur-Champigny. Ajouter les 10 cl de bouillon.
Saler, poivrer, muscader.
Couvrir et mettre à four doux th. 4 pendant 30 minutes.
Au moment de servir parsemer de persil haché.
Servir chaud avec des pommes de terre cuites à l'étouffée.
Accompagner d'un Saumur-Champigny frais (8/10°).

Champagne et soda : ne pas confondre

Nos amis anglais ont un humour très particulier que l'on apprécie parfois, mais qui nous irrite dès lors qu'il s'en prend à nos institutions hexagonales.

Ainsi cette invention dont ils nous assurent qu'elle se perd dans la nuit des brouillards anglais, à laquelle ils ont donné le nom de champagne et qui n'est en réalité qu'un pâle soda à la fleur de sureau, sans alcool, mais présenté en bouteilles de verre vert et bouchées au liège étranglé par du fil de fer...

Une infâme bibine qui insulte notre noble vin de Champagne pétillant et primesautier, spirituel et charmeur.

Champagne est un terme générique qui ne peut désigner qu'un produit issu de la Champagne.

Pour le sureau cela ne saurait nous gêner. En France et plus particulièrement en Alsace on en tire un bien meilleur parti. On y élabore une eau de vie blanche aux arômes subtils et aux vertus parait-il insoupçonnées.

C'est tout de même autre chose qu'un soda "sans fesses ni tétins".

CHAMPAGNE
PRE MARQUE

Cailles aux raisins

La caille d'automne, sauvage, est hélas de plus en plus rare parce que cet oiseau migrateur a déjà déserté nos plaines à l'ouverture de la chasse.

Et donc on ne retrouve au bout de son fusil que quelques attardées en général de vieux oiseaux... sédentarisés et surtout des cailles d'élevage incapable de s'élever au dessus d'un mètre. Les vrais chasseurs les surnomment des « tue-chien « parce que celui qui est assez fou pour les tirer risque de tuer le chien qui saute en l'air pour les attraper au vol. Cela n'a rien de risible mais prouve, une fois de plus, que pour corriger certaines incohérences de réglementations restrictives, l'on doive employer des palliatifs attristants.

Enfin !...

Notez que la caille d'élevage est en général plus grasse et la chair moins ferme que la sauvage au goût plus prononcé. Il faudra bien s'y faire...

Pour autant, pourquoi se priver de cette superbe caille aux raisins (certes meilleure avec de vrais animaux migrateurs mais très acceptables avec ces volatiles d'élevage dont certains élevés dans de bonnes conditions sont très proches de leurs aînés naturels).

Avec un coteaux du Layon c'est un vrai régal.

Pour 4 personnes

8 cailles
1 bouteille de coteau du Layon
8 tranches de pain de campagne (Poilane)
120 gr de beurre

250 gr de grains de raisins (Chasselas blanc)
1 verre de cognac
Sel, poivre, muscade

Prélever les foies des cailles, les mettre à réserver.
Mettre 50 gr de beurre dans une poêle à fondre. Y faire dorer sur les deux côtés les tranches de pain de campagne
Peler les grains de raisin avec un couteau à lame fine.
Faire pocher deux minutes les grains de raisins dans deux verres de coteaux du Layon portés à bouillotement.
Dans une cocotte mettre 30 gr de beurre à fondre.
Brider les cailles et les mettre à dorer dans la cocotte sur toutes les faces. Mouiller avec le vin de pochage des raisins.
Couvrir et laisser cuire à feu doux pendant dix minutes.
Dans une poêle mettre à sauter les foies des cailles dans 20 gr de beurre. Flamber au cognac (1 cuiller).
Piler ensuite ces foies avec 20 gr de beurre ,saler, poivrer, muscader.
Etaler de cette pâte sur chaque tranche de pain de campagne rôtie.
Disposer ces tranches sur un plat chaud.
Ouvrir la cocotte, arroser les cailles avec deux cuillers de cognac.
Flamber, ajouter les grains de raisin.
Couvrir à nouveau. Laisser à mijoter encore pendant deux minutes.
Au moment de servir mettre une caille sur chaque tranche de rôtie.
Entourer avec les raisins.
Arroser le tout avec la sauce de cuisson.
Accompagner d'un paillasson de pomme de terre.
Comme vin : un Graves rouge par exemple.

Canard sauvage au cidre

Dans le canard sauvage le meilleur est ... la cane. Mais accompagné de cidre et cuit à la briarde même le mâle est un délice.

Essayez donc !

Pour 4 personnes

1 canard sauvage
25 cl de cidre sec
8 échalotes
75 gr de beurre
1 cuiller à soupe de moutarde
2 feuilles de sauge
Poivre de cayenne
Sel, poivre
2 cuillers à soupe de concentré de tomate
1 citron
1/2 morceau de sucre

Après avoir retiré le foie, glisser à l'intérieur du canard, la sauge, sel, poivre, 1 cuiller à soupe de beurre, l'enduire extérieurement de beurre, saler ,poivrer.
Placer le canard au four (Th.8) sur la grille de la lèchefrite. Le laisser cuire 15 mn, et le faire refroidir 5 mn avant de le découper en 4.
Garder le jus.
Prélever et hacher 1 cuiller à café de zeste de citron. Délayer la moutarde avec 1 cuiller à café de jus de ce citron. Faire revenir au beurre les échalotes hachées dans un poêlon, ajouter le zeste de citron puis les morceaux de canards. Placer un papier beurré sur ces éléments, remettre 10 mn à four chaud. Egoutter alors les morceaux de canard et les tenir au chaud.
Déglacer le poêlon avec le cidre délayé avec le concentré de tomate, le foie de canard réduit en purée, la moutarde et le sucre. Assaisonner de sel, poivre et cayenne. Faire réduire 9 à 10 mn la sauce d'un tiers. Remettre le canard 5 mn dans cette sauce. Servir très chaud.
Accompagner d'une purée de céleri.
Servir avec un cidre brut très frais (8/9°)

Hérésie ou provocation ?

Me trouvant récemment à participer à un repas amical en très sympathique compagnie, quelle ne fut pas ma stupeur de voir en face de moi une jeune femme savourer son Brie de Meaux arrosé de... Coca-Cola.

Devant mon air offusqué, autant qu'ahuri, celle-ci ma confié son délice de ce mariage "contre nature".

Puis réflexion faite, je me suis rappelé qu'étant enfant, je me régalais de ce salé-sucré au goûter de quatre heure : un sandwich composé d'un morceau de baguette croustillante beurré, sucré et tartiné d'un morceau de Brie fait à cœur.

A l'époque, j'accompagnais cela d'un grand verre de lait frais.

Bonjours les calories....

Depuis, j'ai suprimé le sucre et remplacé le lait par du Givry. Mais, après tout, si cette jeune femme l'aime ainsi, c'est son droit.

Et puis, si les Américains arrosent leur Brie de Coca, pourquoi pas. Du moment qu'ils importent du vrai Brie !

En fait, quand ils sont chez nous, ils l'accompagnent volontiers de... vin rouge.

Canard sauvage à la paimpolaise

Vacances en Armor obligent. Je suis allé à la ... pêche de recettes traditionnelles.

J'ai eu la joie de me régaler du côté de Paimpol d'un canard sauvage (peut-être un peu braconné ?) au cidre.

J'en ai rapporté un souvenir gourmand et... la recette.

Pour 4 personnes

1 canard sauvage ou 2 petits
125 gr de beurre
125 gr de lardons
10 petits oignons
5 à 6 cuillères à soupe de chapelure
Sel, poivre
1 verre de cidre

Plumer, flamber et vider le canard.
En cocotte, faire revenir les lardons dans la moitié du beurre, puis leur ajouter les petits oignons, les faire étuver et légèrement colorer. Retirer lardons et oignons et remplacer par le canard.
Le faire dorer à feu moyen sur tous les côtés. Quand toute la peau est raidie et bien colorée, remettre oignons et lardons. Couvrir la cocotte et la mettre 40 minutes à four chaud (th. 6-7) après avoir salé et poivré.
A la fin de cette cuisson, faire fondre dans la poêle le reste du beurre et y mettre toute la chapelure.
Sortir le canard de la cocotte, le découper et joindre à ces morceaux oignons et lardons tout autour. Verser sur les morceaux la chapelure dorée au beurre. Garder au chaud
Remettre la cocotte sur le feu et y verser le verre de cidre pour déglacer le fond en grattant bien avec une cuillère de bois. Servir ce jus en saucière.
Accompagner d'un Savennières ou d'un cidre brut non pétillant.

Canette au cidre

Délice des délices, la canette. Encore meilleure si elle vient de Challans.

Dans ce cas en prendre une pour deux personnes. Sinon prendre une jolie Rouennaise.

Cette recette vient du centre d'information du cidre qui n'est pas avare d'excellents conseils.

Pour 4 personnes

1 cannette
1carotte
7 oignons, 1 bouquet garni
100 gr de beurre,
1/2 dl d'huile d'olive
4 grands verres de cidre brut
1 cuillère à soupe de concentré de tomates
Sel, poivre.

Assaisonner la canette, la mettre 15 mn à four très chaud. Hors du four, la laisser reposer puis en détacher les filets de la poitrine et les cuisses. Les mettre dans une sauteuse dans 1 verre de cidre (les laisser achever de cuire).
Concasser la carcasse et les abats. Faire chauffer dans une cocotte 40 gr de beurre et l'huile, ajouter la carotte et l'oignon émincés, le bouquet garni, la carcasse et les abats concassés, laisser revenir et légèrement brunir, mouiller avec le reste du cidre, assaisonner, ajouter le concentré de tomates, laisser cuire 30 mn environ à très petit feu.
Passer cette sauce au chinois en pressant bien les carcasses, assaisonner sans ménager le poivre. (Couper le beurre en petits morceaux, l'incorporer à la sauce en battant vivement au fouet.
Egoutter les morceaux de canette, les dresser sur le plat de service chaud, les napper de cette sauce. Servir très chaud.
Garnir ce plat de petites crêpes aux épinards.
Accompagner d'un cidre brut.

La cannelle : remède miracle

La cannelle c'est un arbre dont on n'utilise que l'écorce. Un peu comme le liège du chêne. Cet arbre est originaire de Ceylan et plus généralement de Chine continentale.

On la trouve sur nos marchés en bâtonnets friables ou en poudre.

Mieux vaut la prendre en bâtonnets et la réduire soi-même en poudre selon ses besoins. Elle conservera ainsi tous ses pouvoirs aromatiques et... autres.

Tout le monde connait la compote de pommes à la cannelle, c'était un régal de nos grand'mères.

Elles étaient fines mouches nos aïeules qui ajoutaient de la cannelle dans le fromage blanc, les tartes aux fruits, les confitures, le potiron, les gateaux secs, le riz au lait, la semoule, le punch... même les salades.

C'est qu'elles réveillaient ainsi les ardeurs de leurs époux. Car la cannelle qui a des vertus antispasmodiques est surtout renommée pour ses effets... aphrodisiaques.

En fait, elle a surtout le pouvoir d'élever la température.

C'est pourquoi elle entre avec bonheur dans la confection d'une boisson antigrippe et anti-toux éprouvée.

Je vous en donne la recette que m'a confiée un jour le bon curé de Rully qui était un expert en simples et en boissons plus ou moins mystérieuses autant qu'étonnantes.

Pour un litre de vin chaud

1 litre de Beaujolais
10 gr de cannelle
1 clou de girofle
15 cl de sirop de sucre de canne

Mettre le tout dans une casserole à bouillir.
Quand le vin bout à gros bouillons, l'enflammer.
Oter la casserole du feu et attendre que la flamme s'éteigne.
Filtrer le liquide brûlant sur un bol.
Boire le plus tôt possible un bol de ce liquide très chaud et s'enfouir sous la couette.
En principe le lendemain la grippe est allée se faire pendre ailleurs...
Un autre remède nous vient de l'océan Indien. C'est le punch blanc. Redoutable.
Dans du lait bouillant, on verse du rhum blanc flambé et l'on y met à infuser de la cannelle. Un cocktail hivernal qui nous fait chaud à la... tête.

Enfin, une recette délicate pour les fins palais.
Dans une tasse de chocolat chaud, on ajoute une fine pincée de cannelle en poudre. Très peu.
Un délice d'arômes.
Voyez, on peut en faire des choses avec la cannelle. Et encore certains n'hésitent pas à l'utiliser dans les ragoûts de viandes blanches. Mais là encore c'est affaire de goût.

Le cassoulet de Castelnaudary de Prosper Montagné

On nous rappelle souvent qu'il existe 3 cassoulets : celui de Toulouse, celui de Castelsarrasin et celui de Castelnaudary. Je les aime tous. Mais en hommage au maître Prosper Montagné, voici la recette qu'il donnait et avouait avoir appris à Castelnaudary. Dieu qu'elle est bonne !...

Pour 8 personnes

1 litre de haricots blancs
300 gr de poitrine fraîche
1 carotte
1 oignon piqué de 3 clous de girofle
2 bouquet garnis
5 gousses d'ail
Sel, poivre
125 gr de saindoux ou de graisse d'oie
750 gr d'échine de porc
500 gr de carré de mouton désossé
200 gr d'oignon haché
200 gr de purée de tomate

Mettre à cuire un litre de haricots blancs que l'on aura au préalable laissés tremper 4 à 5 heures dans l'eau froide avec 300 gr de lard de poitrine, 200 gr de couennes fraîches ficelées en paquet, une carotte, un oignon piqué de 3 clous de girofle, un bouquet garni et 3 gousses d'ail un peu de sel.
Les haricots doivent bien baigner dans l'eau.
Laisser cuire à très faible ébullition.
Par ailleurs faire revenir soit au saindoux ou mieux encore à la graisse d'oie, 750 gr d'échine de porc, 500 gr de carré de mouton désossé, sel et poivre.
Lorsque ces viandes sont parfaitement rissolées, mettre dans le sautoir où elles ont cuit 200 gr d'oignon haché, un bouquet garni et 2 gousses d'ail.
Cuire à couvert et mouiller de temps à autre avec un bon bouillon.
Ajouter quelques cuillers de purée de tomate.
Les haricots étant presque cuits, retirer les légumes de garniture et le bouquet garni.
Mettre dedans les viandes. Ajouter un saucisson à l'ail et un morceau de saucisse de ménage.
Laisser mijoter pendant 1 heure.
Egoutter toutes les viandes qul sont dans les haricots et les découper en tranches. (Enlever la peau des saucissons).
Remettre les tranches de viande sur les haricots. Saupoudrer de chapelure. Arroser de graisse d'oie. Faire cuire doucement au four (th. 4) pendant 1 heure et demie...Sans oublier de briser 7 fois la peau.
(Telle est la reçette authentique élaborée par Prosper Montagné qui la tenait d'une cuisinière réputée de Castelnaudary).

La cuisine et les champignons

Jaune comme les giroles, brun comme les bolets, blanc comme les boules de neige des prés... voici l'automne, saison de grande gastronomie, où des goûts nouveaux succèdant à ceux de l'été. Menus de gibiers et champignons des bois sont à la mode de ce début d'octobre.

Exactement comme pour les déterminer, on ne peut pas faire n'importe quoi pour cuire et cuisiner les champipons. Certains se mangent crus, d'autres très cuits, souvent pour des raisons de goût, mais également pour des raisons de santé.

Voici donc pour commencer, quelques idées que nous avons toutes testées à la cuisine et qui nous ont ravis.

Avec les cèpes : du lard et des échalotes

Boletus aedulis, le cèpe de Bordeaux, le bolet Noble, déjà connu sous l'Antiquité et extrêmement apprécié des Romains, est probablement le champignon d'automne sauvage le plus consommé.

Récapitulons ici quelques méthodes réservées aux bolets. Les petits sujets juste sortis de terre peuvent être consommés crus, brossés, essuyés, queue coupée, après une macération et un mois dans de l'huile d'olive.

On peut aussi les faire sauter à la provençale, c'est souvent le sort qu'on leur destine. Réduits sous couvercle, ils sont égoutés et en général sautés dans un mélange brûlant d'huile et de beurre.

Une tombée d'ail coupé, du persil et après salage, à table.

Il est une vieille méthode rurale, qui évite l'ail et fait une fois de plus, participer le cochon à la fête la voici calculée pour quatre.

Acheter ou trouver un kilo de cèpes frais. Il va de soi que les meilleurs sont ceux dits bouchons de champagne, jeunes sujets aux pieds très renflés, à petite tête et chair très ferme.

Nettoyer le pied, le débarrasser de la terre ou de sable et préférer essuyer les champigons que de les laver à grande eau, puis les couper en dés plutôt petits

C'est moins présentable, mais l'arôme dégagé n'en sera que meilleur.

Dans une très large poêle, répandre vos cèpes sur un mélange égal d'huile et de beurre chaud ; maintenir à feu moyen jusqu'à ce que les champignons aient perdu de l'eau ; les tourner de temps à autre. Dès que le jus de cuisson diminue, allonger avec les cèpes quatre grosses tomates, du lard fumé, et une tombée d'échalotes hâchées grossièrement (environ deux échalotes)

Si possible, utiliser de l'échalote dite du Poitou, elle est plus douce et moins amère. Monter aussitôt le feu tout en continuant à tourner les cèpes ; Ils doreront lentement, saler, poivrer et les servir brûlants, dès que leur couleur aura atteint une belle nuance caramel.

Le champignon de Paris (qu'entre nous on récolte à Gagny et du côté de Livry-Gargan en grande majorité, les membres de la famille Zinetti étant les grands spécialistes de cette culture mycologique), est un produit absolument délicieux et extrêmement diététique.

Champignons à la Briarde

L'Agaric des champs, puisque c'est le nom de ce champignon de... couche, que l'on connait sous celui de "champignon de Paris" constitue un met délicieux, qui s'accomode de mille et une manières.

Voici quelques conseils d'utilisation :

Ne jamais trop laver un champignon, ni le peler. Couper simplement la partie sableuse du pied et le rincer une fois dans l'eau froide vinaigrée.

Eponger et si l'on ne les utilise pas immédiatement les arroser avec un jus de citron.

Ne jamais les laisser cuire trop longtemps. Ils doivent être consommés légèrement croquants voir presque crus.

Voici une recette "briarde" de champignons de... Paris.

Pour 4 personnes

500 gr de champignons de Paris (petits)
2 jaunes d'œufs
25 cl de crème liquide
100 gr de brie de Meaux écrouté
40 gr de beurre
Sel, poivre, noix de muscade.

Laver les champignons à l'eau vinaigrée après avoir coupé les pieds sableux.
Les éponger et les faire rissoler à feu vif dans le beurre jusqu'à ce qu'ils aient récupéré leur eau.
Dans un bol mélanger au fouet les jaunes d'oeufs et la crème.
Saler, poivrer, muscader.
Dans des petits plats à four individuels, ou dans des ramequins répartir les champignons.
Verser dessus la sauce et parsemer de Brie écrouté et écrasé à la fourchette.
Ajouter quelques très petites noisettes de beurre et mettre à four chaud th. 7 pendant 7 à 10 minutes.
Servir très chaud avec un vin blanc de l'Ardèche.
Succulent.

Chevreuil au cidre sec

A la saison de la chasse on trouve du chevreuil à l'étal de nombreuses boucheries. Un détail, l'animal en général a été tiré en pleine course et donc son sang s'est chargé de toxines dues à l'effort et à la peur. Si on ne mortifie plus la viande on doit tout de même la laisser reposer au moins 4 jours avant toute consommation. Il en va de même de tout gibier. En revanche ôter la peau de suite sur le grand gibier. Plumer et vider les volailles avant de les mettre au frais.

Pour 4 personnes

2 dl de cidre brut
1 kg d'épaule de chevreuil
Un peu de farine
2 cuillers à soupe de moutarde
1 petit pot de crème fraîche
20 gr de beurre
Sel, poivre
Quelques pommes de terre

Mélanger dans une assiette la farine, le sel, le poivre.
Rouler les morceaux de chevreuil dans ce mélange.
Les faire dorer dans une cocotte avec le cidre.
Bien remuer le tout, puis ajouter la moutarde.
Remuer à nouveau. Couvrir et laisser mijoter 40 mn à petit feu.
Ajouter ensuite la crème fraîche et laisser encore cuire 10 à 15 mn.
Servir bien chaud avec des pommes vapeur.

Choucroute au cidre et au paprika

La choucroute est en général préparée au vin blanc ou à la bière. C'est oublier un peu vite qu'au cidre on y découvre des saveurs et des arômes nouveaux dignes des plus grandes tables.

J'ai essayé. C'est véritablement une joie nouvelle de déguster ce plat superbe lequel à lui seul fait tout un repas, juste avant un bon fromage et une tarte aux pommes et à la canelle.

Le tout arrosé d'un cidre brut très frais.

Pour 4 personnes

1,500 kg de choucroute crue
200 gr de lard de poitrine fumée
6 oignons dont 1 piqué de clous de girofle
1 bouquet garni
1 rouleau de couenne de lard frais
2 cuillers à soupe de saindoux
2 bouteilles de cidre brut
Sel, poivre
1 bonne cuiller à soupe de paprika
750 gr d'échine de porc
750 gr de palette de porc
250 gr de crème fraîche

Laver plusieurs fois la choucroute, l'éponger, l'émietter. Faire blondir le lard coupé en lardons dans les deux cuillerées de saindoux, ajouter la choucroute au centre de laquelle on placera l'oignon piqué de clous de girofle, le bouquet garni, la couenne de lard, mouiller avec le cidre et assez d'eau pour couvrir la choucroute, assaisonner, laisser mijoter 1h30.

Couper l'échine et la palette en morceaux, faire revenir dans le saindoux les oignons émincés et les morceaux de porc, laisser dorer, saupoudrer de paprika, mélanger. Mouiller avec le cidre. Laisser cuire 30 mn à très petit feu.

Ajouter alors la choucroute à ces viandes, couvrir, laisser cuire 1 heure.

Au moment de servir, ajouter la crème. Servir très chaud dans la cocotte de cuisson.

Les choux de Bruxelles braisés à la Clairette de Die

Après avoir tenté et réussi, un braisage de choux de Bruxelles au cidre nouveau, j'ai eu l'idée de réaliser la même recette avec un vin pétillant qui mérite mieux que la réputation que certains lui font par trop injustement : la clairette de Die.

On me rétorquera que Bruxelles est loin du Lanquedoc et qu'il vaudrait mieux braiser ces petits choux avec de la bière. Pourquoi pas ? Tout est permis qui n'est pas contraire à son bon goût.

Au cidre, plutôt sucré, pourquoi pas la Clairette de Die ou la Blanquette de Limoux plus raide ou la bière avec sa légère amertume. C'est affaire d'imagination et de préférence.

Voici donc un essai... transformé comme on dit en terme de rugby et de... cuisine dans le sud-ouest.

Pour 4 personnes

1,2 kg de choux de Bruxelles
1 bouteille de Clairette de Die
100 gr de graisse d'oie
Sel, poivre

Nettoyer les choux en ôtant les premières feuilles et en coupant le trognon à sa base.
Mettre les choux à blanchir pendant 1 minute dans de l'eau bouillante non salée.
Les égoutter.
Dans une cocotte en fonte ou en terre, étaler la graisse d'oie.
Saler, poivrer.
Poser sur le fond les choux.
Mouiller avec 2 bons verres de Clairette de Die.
Couvrir et mettre à four chaud (th. 4-5) pendant 1 h 30.
Poser sur les choux un morceau de palette de porc cuite et laisser chauffer, après avoir éteint le four, pendant l/4 d'heure.
Servir chaud avec un vin de Bergerac ou un Gaillac blanc.

Les cocktails de l'été... au cidre

Voici venir l'été. Il est même très chaud par moment. Et donc nous cherchons à nous désaltérer. Ce qui provoque parfois bien des interrogations au moment de l'apéritif

Voici une série de cocktails à base de cidre, lesquels servis bien frais et avec modération constituent autant de plaisirs nouveaux.

• Le sauvage de Louis Lachenal.
Faire macérer au frais des pommes émincées dans un mélange cidre, jus d'orange et calvados. Filtrer et servir accompagné de tranches de pommes et d'oranges.

• Le brigand :
Un trait de mûre (liqueur ou crème) avec du cidre Jehan de Brie frais.

• Le flibustier :
Un trait de crème de cassis avec du cidre Jehan de Brie très frais.

• Le caraïbe :
Un trait de mandarine impériale avec un jus de citron vert et du cidre Jehan de Brie frais.

• Le lieutenant colonel :

Un trait de poire williamine avec du cidre Jehan de Brie.

• Le cavalier :
Un trait de marc de raisin, un peu de cannelle et du cidre Jehan de Brie glacé.

• Le voyou :
un trait de Grand Marnier et du cidre Jehan de Brie très frais.

• L'Arsène Lupin :
Un trait de Marie Brizard, une rondelle de citron et du cidre Jehan de Brie glacé.

• Cicre-cup : Faire dissoudre 3 cuillers à soupe de sucre semoule dans 1/2 litre de thé pas trop fort. Mélanger le thé sucré à 1/2 litre de cidre doux, ajouter le jus de 3 oranges. Couper une autre orange en fines tranches. Ajouter au mélange précédent avec quelques glaçons et servir très frais.

• Cidromel : Préparé en moins de 5 minutes. Dans une cruche à large ouverture, verser 1 bouteille de cidre doux à laquelle on ajoute 4 cuillerées à soupe de miel liquide et 2 cuillers à café de cannelle. Bien remuer le tout avant de le mettre au frais 2 heures.

• Soft-drink au cidre doux : Un cocktail qui se sert chaud

ou glacé. Dans un litre de cidre doux bouillant additionné de cannelle en poudre, verser selon votre goût et dans l'ordre : 2 cuillers à soupe de sucre en poudre, du gingembre en poudre, un peu de noix de muscade fraîche rapée, 1 jus de citron, 4 épices. Bien mélanger le tout et verser dans un bol à punch. Pour la décoration ajouter quelques bâtons de cannelle.

• Cidre doux au citron : 1 verre de cidre doux très frais 1 cuiller à soupe de jus de citron - 2 cuillers à soupe de sucre semoule. Mettre dans le fond du verre le jus de citron, remplir avec le cidre. Ajouter le sucre en poudre. Remuer rapidement. Servir sans attendre.

• Cocktail rose au cidre : 1/2 verre de cidre doux très frais 1/4 de verre de jus de framboise - 1/4 de jus d'orange très frais - 3 cuillers à soupe de sucre en poudre Mettre dans le verre le jus de framboise avec le sucre, bien mélanger, ajouter le jus d'orange, puis le cidre.

Cidria aux agrumes

Pour 8 à 10 personnes

2 litres de cidre doux
70 cl de jus d'orange
1 louche de jus de citron
1/2 kg d'oranges coupées en rondelles
1/2 kg de bananes
2 citrons coupés en rondelles selon le goût, ajouter du sucre vanillé.

Mélanger dans une grande coupe en verre, le cidre doux, le jus d'orange, le jus de citron et le sucre vanillé. Ajouter les rondelles d'oranges, de bananes et de citrons. Servir frais dans des coupes en verre décorées d'une rondelle de citron et d'orange.

Cidromel

Pour 4 à 5 personnes

1 bouteille de cidre brut
4 cuillers à soupe de miel liquide
1 cuiller à café de poudre de cannelle

Dans un bol, délayer le miel liquide avec 1 verre de cidre en l'incorporant peu à peu. Verser le reste de la bouteille de cidre dans une cruche à large ouverture, ajouter le mélange miel et cidre, la cannelle. Bien mélanger.
Mettre au moins 2 heures au réfrigérateur servir très frais.

Cidre chaud à la cannelle

Pour 4 à 5 personnes

1 bouteille de cidre brut
1 beau bâton de cannelle
8 cl de calvados
Le jus d'un citron
Sucre selon le goût.

Faire chauffer à feu doux le cidre avec la cannelle, laisser infuser 5 mn, ajouter alors le jus de citron et sucrer selon le goût, mettre alors à feu vif. Au premier bouillon d'ébullition ajouter le calvados, flamber et retirer immédiatement du feu. Servir bouillant.

Cidria aux fruits

Pour 8 à 10 personnes

2 litres de cidre doux
1 boite de griottes au sirop ou 1 kg de fraises
1kg de pêches
3 petits verres de calvados
2 oranges
à volonté : 190 gr de sucre vanillé.

Mélanger dans une coupe en verre, le cidre, les griottes et leur jus, les oranges coupées en tranches, les pêches coupées en deux et le calvados. Servir très froid, dans des coupes en verre.

Cocktail rosé au cidre

Pour 1 verre
Cidre brut
5 cl de Calvados
1 bonne cuiller à soupe de sirop de framboise
1 feuille de menthe fraîche
1 ou 2 glaçons.

Dans un grand verre, mélanger le Calvados et le sirop de framboise.
Remplir le verre aux 3/4, avec le cidre, ajouter les glaçons et une feuille de menthe fraîche.
Servir glacé.

Le gai cidrier

Pour 8 personnes

1/2 litre de cidre doux
6 cl de Calvados
1 bouteille de Vouvray pétillant
4 rondelles de citron vert
6 rondelles d'orange non traitée
4 rondelles de mandarine
8 cerises au sirop.

Dans un grand broc en verre de 1,5 l environ, mettre le cidre, le Calvados, le Vouvray, les rondelles de citron, d'orange et de mandarine. Placer le broc au réfrigérateur et servir très frais après avoir mis 1 cerise dans chaque verre.

Cocktail doux aux fruits

Pour 4 personnes

1 bouteille de cidre doux
6 cuiller à soupe de curaçao
2 abricots bien mûrs
1 poire
2 cuiller à soupe de grenadine
Pour décorer quelques feuilles de menthe fraîche.

Dans une grande coupe mettre les fruits découpés en lamelles, ajouter le curaçao et la grenadine.
Laisser macérer pendant 30 mn.
Au moment de servir, verser le cidre doux très frais quelques glaçons et des feuilles de menthe ciselées.
Servir dans des grands verres.

Cocktail sec au cidre

Dose pour un grand verre à jus de fruits

Cidre brut
1 cuiller à soupe de sucre en poudre
1 cuiller à soupe de calvados
1 cuiller à soupe de whisky
1 cuiller à café de jus de citron
2 glaçons

Mettre les différents ingrédients dans le fond du verre, puis les glaçons et remplir le verre de cidre brut bien frais.

Le concombre au Champagne tranquille

On me demande souvent où l'on peut trouver du Champagne tranquille. C'est-à-dire le vin de Champagne (Chardonnay et Pinot) non pétillant.

Ce n'est guère facile car l'essentiel de la production part en champagne pétillant.

Pourtant on en trouve à Epernay-Reims et dans toutes les caves champenoises.

On en trouve sous l'appellation "Coteaux champenois (en blanc et en rouge)", de Cumières (le meilleur), d'Epernay et de la Côte des Blancs..

Pour célébrer ce Champagne tranquille, voici une recette de concombre d'été absolument sublime dans sa simplicité.

Je vous la livre telle que je me la suis offerte il y a peu avec un infini plaisir.

Pour 4 personnes

1 bouteille de Champagne tranquille ou de Chardonnay
1 gros concombre bien vert, bien dur et brillant
8 petits oignons blancs
1 gousse d'ail
Huile d'olive
Le jus d'un citron
Bouquet garni
Sel, poivre

Peler le concombre en laissant de minces filets de vert.
Le détailler en frites en éliminant les graines.
Peler et hacher les oignons.
Dans une casserole mettre 10 cl d'eau, 10 cl de Champagne tranquille, 2 cuillers d'huile d'olive et le jus du citron.
Porter doucement à ébullition.
Quand ce jus bout, y plonger les frites de concombre avec l'oignon haché.
Ajouter l'ail pelé et écrasé et le bouquet garni.
Saler légèrement. 4 tours de moulin à proivre.
Bien mêler le tout et laisser à cuire doucement pendant 20 minutes.
A ce terme verser dans un ravier et laisser à refroidir.
Mettre au réfrigérateur après avoir ôter le bouquet garni.
Servir très frais en entrée avec un champagne tranquille à 8°ou un Chardonnay à 6-8°.
Simple et succulent.

Coquilles Saint-Jacques au cidre

Bien évidemment c'est une recette "péchée" en Normandie à la saison des St-Jacques, mais au moment où le soleil revient joliment. En avril à Cancale, à l'occasion d'un voyage éclair mais adorablement gastronomique.

Attention à ne pas faire cuire trop longtemps les St-Jacques sinon de fondantes elles deviennent... pneumatiques.

Pour 4 personnes

16 coquilles St-Jacques
1/2 litre de cidre brut
1 branchette de thym
1/2 feuille de laurier
2 tiges de persil,
6 échalotes
50 gr de beurre
200 gr de crème
1 cuillerée à café de jus de citron
Sel, poivre, persil haché.

Ouvrir les coquilles, détacher les noix et le corail, les parer en enlevant la poche noire et le petit boyau qui y adhèrent, les laver, les éponger et escaloper les noix en laissant le corail entier.
Laver 4 belles coquilles vides.
Faire revenir les échalotes hachées dans du beurre chaud, quand elles sont fondantes et avant qu'elles ne colorent, ajouter les escalopes de noix et le corail, laisser revenir 2 mn, mouiller avec le cidre, ajouter le thym, le laurier et les tiges de persil, assaisonner en salant peu, laisser frémir 3 à 4 mn.
Egoutter les coquilles, les tenir au chaud. Faire réduire le cidre de cuisson des 2/3 à feu vif.
Délayer la crème et le jus de citron, verser dans la réduction du cidre, lier à feu doux en battant au fouet, goûter pour rectifier l'assaisonnement et poivrer largement. Remettre les coquilles dans cette sauce afin de les réchauffer.
Répartir cette préparation dans les coquilles vides, les saupoudrer de persil haché. Servir chaud.

Côtes de porc au cidre

Ah ! mes amis, quel délice que ces côtes de porc faites au cidre, aux pommes et à l'orange. Une subtile alliance salée-sucrée sans agressivité aucune.

Cette recette-là, je m'en suis régalé dans le Bocage normand quand j'étais à la recherche d'un authentique camembert du côté de Roiville-Vimoutiers.

J'ai trouvé une descendante de Marie Harel et une véritable cuisine.

Mais ces côtes de porc !...

Pour 4 personnes

4 côtes de porc dans le filet
2 verres de cidre doux
1/2 verre de jus d'orange
1cuillerée à café de jus de citron
1 orange
100 gr de beurre
Une pincée de poudre de cannelle
Une pincée de noix de muscade râpée
1 cuiller à soupe de beurre manié
3 cuillers à soupe de crème épaisse
Sel, poivre
Garniture 4 pommes.

Assaisonner les côtes de porc. Les faire dorer sur les deux faces à la poêle dans 40 gr de beurre chaud, baisser le feu, laisser achever la cuisson.
Eplucher les pommes, les couper en deux, les faire cuire et dorer dans le reste de beurre. Quand les côtes de porc sont cuites, les égoutter, les tenir au chaud, déglacer la poêle avec le cidre. le jus d'orange et le jus de citron, laisser bouillir 1 mn en grattant bien le fond du récipient pour faire dissoudre les sucs de viande. Ajouter le beurre manié, la crème, la cannelle et la muscade, continuer la cuisson tout en battant au fouet jusqu'à ce que la sauce soit bien liée, rectifier l'assaisonnement.
Dresser les côtes de porc sur le plat de service, napper de cette sauce très chaude, les entourer avec les demi-pommes et autour de 1/2 rondelles d'orange.
Servir très chaud.

Côtes de veau en papillotte

Je suis un inconditionnel de vins et de crus français. Pourquoi aller chercher du Porto quand on dispose de vieux Banyuls ou de Rancio arômatiques ?

Ces côtes de veau en papillotes au Banyuls est la preuve que l'on peut aussi s'en régaler en cuisine. Peut-être mieux qu' avec le Porto car plus léger.

Pour 4 personnes

4 côtes de veau,
8 amandes salées,
100 gr de beurre,
2 cuillers à soupe de Banyuls
100 gr de Cantal,
Poivre, papier alu.

Faire revenir au beurre (20 gr environ) et à la poêle les 4 côtes de veau.
Les faire dorer sur leurs deux faces. Réserver.
Préparer le beurre d'amandes. Ecraser le reste du beurre ramolli en petits morceaux à la fourchette, y incorporer les amandes grossièrement hâchées, le Cantal râpé et le Banyuls. Bien malaxer le tout pour obtenir un mélange homogène.
Poivrer les côtes de veau.
Les tartiner des deux côtés avec cette préparation.
Poser chaque côte sur un carré d'aluminium. Fermer les papillottes.
Porter à four chaud pendant 20 à 25 minutes.
Servir avec des pâtes cuites al dente en accompagnement.

Coupe vermeille au Petillant

Un dessert à la Blanquette de Limoux !

C'est peu commun et surtout comme c'est bon et délicat !

Il est vrai que ce vin un peu fou s'accomode très bien avec les fruits rouges qui lui enlèvent un peu de son acidité.

Un succulent dessert estival.

Pour 4 personnes

1 kg de fraises
1 citron
500 gr de groseilles
Griottes à l'Armagnac (15 c.)
100 gr de sucre
une demi bouteille de blanquette de Limoux

Laver fraises et framboises dans une eau dans laquelle on aura mis le jus d'un citron.
Equeuter les fraises et égrener les framboises.
Les mettre dans un saladier en alternant les couches de fraises et de frambroises que l'on saupoudrera de sucre au fur et à mesure.
Laisser macérer trois heures, dans le bas du réfrigérateur.
Une heure avant de servir, verser dessus la demi bouteille et ajouter selon goût quelques griottes à l'Armagnac.
Remettre au frais avant de servir avec des tuiles aux amandes ou des palmiers-biscuits.

Couronne de fruits rouges au Tavel

L'été incite à toutes les audaces. Le Tavel est bien l'un des seuls vins vraiment rosé naturellement. De plus il accompagne à ravir des fruits de saison. Voici un dessert estival absolument divin grace au Tavel qui lui ajoute ce zeste de gentillesse et d'arômes subtils....

Pour 4 personnes

1/2 bouteilte de Tavel (vin rosé)
500 gr de fraises
300 gr de cerises griottes dénoyautées
75 gr de sucre en poudre
1 verre d'eau
4 cuillers à café de gélatine en poudre diluée dans une tasse d'eau chaude.
Quelques feuilles de menthe pour décorer.

Laver et équeuter les fraises.

Egoutter. Faire cuire 2 minutes le sucre avec le verre d'eau.

Ajouter hors du feu la gélatine diluée.

Bien mélanger et ajouter le vin de Tavel.

Dans un moule à savarin, verser une légère couche de liquide.

Mettre au réfrigérateur le temps que la gelée prenne.

Disposer une couche de fraises et de cerises.

Verser à nouveau du liquide. Faire prendre au réfrigérateur.

Recommencer l'opération en gardant quelques fraises pour décorer jusqu'au remplissage du moule.

Laisser prendre 4 heures au réfrigérateur.

Démouler en trempant le moule 2 mn dans de l'eau tiède et en le renversant sur le plat de service.

Décorer avec les feuilles de menthe et les fraises.

Crème brûlée ou calcinée ?

La nouvelle mode, c'est la crème brûlée. On la trouve sur (presque) toute les cartes.

Et bien sûr, l'industrie agro-alimentaire, qui ne perd jamais une occasion de faire de l'argent en "simplifiant" la vie des restaurateurs, plus habiles à ouvrir un paquet tout prêt qu'à jouer du fouet dans une jatte, propose un peu partout des crèmes brûlées toutes prêtes.

Et certains ne se privent pas d'en user et d'en abuser.

Passe encore que la ménagère travaillant à l'extérieur utilise ce genre de produit, pour varier des menus familiaux qu'elle n'a pas le temps de préparer en rentrant du bureau, ou de l'atelier, mais que des gens dont la profession est de préparer des repas et surtout des plats, qu'ils vendent souvent souvent très chers, se laissent aller à ce genre d'artifice, cela me révolte. Surtout qu'ils n'en font pas cadeau. Minimum 35 à 60 F pour 2,50 F de produit.

La crème brûlée vous est alors servie glacée, couverte d'un sucre brûlant, calciné au fer à souder (chalumeau à gaz) ou dans le meilleur des cas brûlé à la salamandre.

En fait, ce dessert que l'on assure être catalan, est constitué d'une crème pâtissière recouverte de cassonade (sucre brun ou roux raffiné une seule fois) qui est brûlé au fer (ces vieux fers dans lesquels on mettait la braise incandescente). Certes il est aujourd'hui plus pratique de se servir d'une salamandre et je n'irai pas critiquer cette façon de faire.

Mais de grâce, même si la crème est faite d'avance, que ne la passe-t-on quelques minutes au four avant de brûler la cassonade ?

Au lieu d'un chaud et froid indigeste on obtiendra et servira un délicieux dessert. Surtout si le chef a pris la peine de casser quelques œufs pour préparer lui-même sa crème.

Comme tous les clients de restaurants, je ne m'asseois pas à une table où je paie, pour me satisfaire à prix d'or, le plus souvent, d'une préparation standardisée provenant en droite ligne de la Sté Truc ou Machin.

Fort heureusement ce genre de procédé ne s'est pas encore trop généralisé et nombre de chefs ont encore à cœur de servir leur travail personnel. Mais il n'est jamais trop tard pour crier "gare !"

Crème de Coulommiers au cidre brut

Voici une recette que j'avais déjà publiée dans le livre Le Brie publié avec Pierre Androuët aux Presses du Village chez l'excellent Christian de Bartillat.

Elle est tellement bonne, surtout à l'apéritif que je ne résiste pas à la redonner.

Pour 4 personnes

1 coulommiers
1 cuiller à soupe de crème fraîche
1 dl de cidre brut
Du poivre moulu
40 gr de raisins secs
3 cuiller à soupe de calvados
40 gr de cerneaux de noix - des tranches de pain

Découper le coulommiers en lamelles minces.
Faire chauffer le cidre dans une casserole en tournant avec un fouet, ajouter peu à peu le fromage qui va fondre et former une crème.
Ajouter du poivre et la crème fraîche.
Verser dans une petite coupe.
D'autre part, ébouillanter les raisins secs, les égoutter et les faire macérer dans le calvados.
Tartiner la crème sur des toasts grillés et ajouter selon le goût des raisins ou des cerneaux de noix.

La crème au 43 aux noix et au Monbazillac

La fin de l'automne c'est la saison des noix. On en trouve bien sûr sur les marchés et en boutiques, mais il est tellement plus hygiénique et sportif d' aller les ramasser soi-même au bord des rivières où de nombreux noyers (les arbres) sont à l' abandon. J'écris bien les ramasser, et non les gauler. Contrairement à la légende on ne gaule que les noix que l'on va chaparder dans Ie verger du voisin, ce qui n'est pas permis, et quand on en fait commerce. Dès lors on les gaule un peu avant qu'elles ne soient à totale maturité afin de n'y point revenir sans cesse. Question d'économie. J'en tiens pour que la noix soit sèche, à tout le moins qu'elle se débarrasse seule en tombant de sa peau verte qui, ainsi, est devenue marron et se décolle toute seule. Affaire de goût et de tradition.

Dès lors que vous avez de jolies noix bien mûres et qui s'ouvrent sur des cerneaux lisses et dorés, pourquoi ne pas se faire un petit délice en empruntant à nos voisins et amis espagnols leur merveilleuse liqueur «Cuaranta y tres» à base de noyaux de mirabelle dorée et joliment sucrée ?

Une crème pâtissière au 43 avec des cerneaux de noix pilés et juste dorée à la salamandre.

Pour 4 personnes

1 bouteille de Monbazillac
1 dé à coudre de liqueur 43
5 jaunes d'œufs

1 œuf entier
1 bâton de vanille
1/2 litre de lait
50 gr de farine tamisée
150 gr de sucre cristalisé ou en poudre
30 gr de beurre
Un peu de sel 1gr environ
10 noix écalées

Fendre le baton de vanille dans le sens de la longueur et le mettre dans le lait.
Porter ce lait à ébullition.
Dans une casserole mettre ensemble les jaunes d'œufs et l'œuf entier, la farine, le sucre, une pincée de sel et le beurre que l'on aura au préalable fait ramollir. Ajouter un trait de Monbazillac et un dé à coudre de 43. Bien méler le tout à la spatule jusqu'à obtention d'une pâte homogène. Verser au travers d'un tamis le lait vanillé dans cette casserole en remuant le tout à la spatule sur un feu doux. Remuer jusqu'à retour à ébullition.
Dès que le mélange bout, couper la flamme et transvaser cette crème dans une jatte en porcelaine, ou en verre, froide en remuant sans cesse jusqu'à tiédissement.
Jeter sur cette crème des cerneaux de noix pilés en pluie.
En garnir des ramequins individuels et les passer au four (lèchefrite ou salamandre) à 250° pendant quelques minutes.
Servir tièdi avec, en accompagnement, le Monbazillac très frais (8 à 9°)

La crème au Sylvaner

On cherche parfois des recettes de dessert simples et délicieuses.

Dans mes carnets de ... table, j'ai retrouvé une recette alsacienne qui me vient de mon oncle, lequel s'était retiré à Kingersheim près de Mulhouse, retrouvent là, les racines familiales de sa maman.

Ce n'est pas sans un pincement au cœur que j'évoque une recette aujourd'hui alors que cet oncle délicieux n'est plus.

Voici donc cette recette de crème telle qu'il m'en a régalé dans ma jeunesse et qu'il m'a appris à la réaliser.

Pour 4 personnes

1 bouteille de Sylvaner
4 œufs
4 cuillers à soupe de sucre
2 cuillers à soupe de fécule
3/4 de verre d'eau
Cannelle

Séparer les jaunes des blancs des œufs. Mettre les jaunes dans une terrine avec le sucre.
Au fouet, travailler ceux-ci jusqu'à obtention d'une crème blanchâtre et mousseuse.
Ajouter alors la fécule et fouetter à nouveau pendant 3 minutes.
Veser dessus 2 verres de Sylvaner, les 3/4 d'un verre d'eau et une pincée de cannelle en poudre.
Mélanger à nouveau au fouet.
Mettre une casserole au bain marie.
Verser ce mélange dans la casserole sans cesser de fouetter jusqu'à épaississement.
Puis mettre à refroidir.
Pendant ce temps, battre les blancs en neige.
Quand ceux-ci sont bien durs, les incorporer délicatement à la crème refroidie.
A déguster avec des baguettes au Tokay dont j'ai donné la recette pages 46 et 47 dans mon livre "Cuisinons aux vins de France"
On accompagnera au choix d'un sylvaner vendanges tardives ou d'un Tokay jeune, frais et spirituel.

Crêpes à l'ananas flambées au Grand Marnier

Cette recette m'a été offerte par Pascal Tingand (Auberge de Condé à la ferté sous Jouarre 77) un jeune chef parmi les tous premiers de sa génération.

Je suis heureux de la publier ici car elle entre dans le florilège Grand Marnier produit que j'aime à employer tant il convient à la cuisine savoureuse de notre temps.

Pour 4 personnes

20 gr de sucre glace
8 crêpes
1/2 litre de crème pâtissière
8 tranches d'ananas
2 dl de Crand Marnier
50 gr de beurre
30 gr d'amandes effilées

Cuire les tranches d'ananas frais dans un sirop léger pendant quelques minutes.
Dans la crème pâtissière chaude, incorporer les amandes effilées et 5 dl de Grand Marnier.
Faire chauffer, et égoutter les tranches d'ananas.
Beurrer un plat de service pouvant contenir 4 crêpes posées côte à côte. Disposer ces 4 crêpes.
Mettre une cuillère de crème pâtissière sur chaque. Poser les 2 tranches d'ananas dessus et couvrir d'une autre cuillère de pâtissière.
Recouvrir avec les 4 crêpes restantes.
Saupoudrer de sucre glace.
Passer le plat au four.
Flamber au Grand Marnier au moment de servir.

Vins conseillés : déguster un Grand Marnier centenaire - Champagne.

Crêpes au cidre doux

Mardi gras ne t'en vas pas...

Tout le monde connait la suite puisqu'il aura des crêpes.

Mais ces crêpes-là au cidre doux c'est quelque chose !

Mais c'est tellement simple que l'on avait oublié cette recette dans un vieux tiroir.

La revoici telle que j'aime à faire ces crêpes bretonnes, normandes ou briardes... Qu'importe après tout. Elles sont au cidre.

Pour 4 personnes

1/4 de litre de cidre doux
1/4 de litre de lait
250 gr de farine
3 œufs
1 cuiller à soupe d'huile
1 pincée de sel
3 pommes.

Mélanger la farine et les jaunes d'œufs. Ajouter petit à petit le cidre, le lait et l'huile. Lorsque la pâte est bien lisse, incorporer délicatement les blancs d'oeufs montés en neige. Laisser reposer une heure, puis ajouter à cette pâte les pommes coupées en petits quartiers. Faire cuire les crêpes norrnalement. Les laisser dorer des deux cotés.
Les servir saupoudrées de sucre en poudre ou de sucre glace.

Crêpes fourrées au Coulommiers

Une recette toute simple mais qui régalera les amateurs de crêpes et les fervants du célèbrissime coulommiers. Je l'ai réalisé souvent pour le plaisir d'étonner mes amis.

A vous d'épater les vôtres.

Ce sont les choses simples que l'on découvre avec le plus de contentement.

Pour 4 personnes (8 crêpes)

125 gr de farine
2 oeufs
1 verre de lait
1 cuiller de marc de champagne
100 gr de beurre
100 gr de sauce tomate ou de coulis
100 gr d'emmenthal râpé
1/2 coulommiers fait à coeur
Sel

Préparer la pâte à crêpe avec la farine, le sel, les œufs, le lait que l'on mélangera au fouet.
Parfumer au marc de Champagne et laisser reposer 2 heures au réfrigérateur.
Faire 8 crêpes très fines dans une poêle à feu vif.
On écrasera le coulommiers avec le beurre jusqu'à obtenir une pâte onctueuse.
On en garnira les crêpes et on les roulera.
Disposer celles-ci dans un plat à gratin beurré.
Napper du coulis de tomates, parsemer avec le râpé et ajouter quelques noisettes de beurre. Mettre 15 minutes à four chaud thermostat 5/6.
Servir chaud.

Les crêpes gasconnes au... Ricard

Février, c'est la Chandeleur et l'on fait des crêpes. Cette coutume est issue des rites ancestraux de nos aïeux qui ainsi rendaient hommage au soleil en faisant sauter les crêpes le plus haut possible pour demander à l'astre du jour d'apporter joie bonheur et surtout bonnes récoltes durant l'année.

Cette fête du soleil suivait celle du solstice d'hiver et rejoignait celle de la fameuse galette feuilletée, à moins qu'il ne s'agisse de la même sous une autre forme ?...

Savez-vous que Napoléon était superstitieux ?

On nous raconte qu'en 1812 à la Chandeleur, il avait réuni famille et amis à la Malmaison pour y déguster des crêpes.

Napoléon entreprit d'en faire sauter.

Il en réussit parfaitement 4. Il n'avait à cette époque que 4 très grandes batailles à son actif.

Or il rata lamentablement la cinquième qui s'écrasa au sol en paquet.

Lors de la campagne de Russie voyant Moscou brûler sous ses yeux, il aurait déclaré à Ney « Voilà ma cinquième crêpe... «

Tout ceci pour vous inviter à ne pas limiter la dégustation de cette succulente pâtisserie au seul 2 février.

En voici une recette gasconne que je trouve sublime.

Pour 4 personnes

300 gr de farine
6 œufs

15 gr de sucre en poudre
1 pincée de sel
50 cl de lait
Un trait de Ricard
1 cuiller d'huile d'olive

Dans une jatte mettre la farine, creuser une fontaine. Y mettre les œufs (cassés).
Y mettre le sucre, une pincée de sel, une cuiller d'huile d 'olive.
Mêler le tout en mouillant avec le lait.
Quand la pâte est bien lisse la parfumer avec un trait de Ricard. Bien mêler et laisser reposer pendant trois heures.
Prendre une poêle et la graisser avec une couenne de lard et faire sauter les crêpes à feu vif.
Important: les crêpes doivent être très minces sinon elles sont indigestes.
On peut les déguster nature, tièdes ou chaudes, avec du sucre glace ou de la confiture.
Ces crêpes gasconnes se consomment au sucre roux (cassonnade) ou au miel.
Délicieux en diable !

Les Crêpes aux noix et Grand Marnier

Mardi gras t'en va pas
J'frons des crêpes, j'frons des crêpes
Mardi gras t'en va pas
J'frons des crêpes
Et t'en aura ...

Ainsi dans mon jeune temps chantait-on le jour de carnaval ou, en dehors des déguisements, le moment béni était bien celui de la confection et de la dégustation des crêpes.

Crêpes au sucre, à la confiture, aux compotes, à la crème. . .

Avec l'âge et l'expérience toutes sortes d'autres crêpes m'ont été données à savourer. Puis à découvrir.

C'est ainsi qu'un jour ayant eu l'idée d'utiliser le Grand Marnier d'une manière moins conventionnelle que d'en verser simplement un peu dans la pâte à crêpe pour bien donner ce parfum incomparable et disposant de cerneaux de noix, il m'est venu l'idée de cette recette que je vous livre avec plaisir.

Pour 4 personnes et plus

1 bouteille Grand Marnier
300 gr de farine
4 œufs + 1 blanc d'œuf
3/4 de litre de lait

1 cuiller à soupe d'huile de noix
100 gr de sucre poudre
1 pincée de sel
30 gr de beurre

Dans une jatte mettre la farine, 4 œufs une pincée de sel.
Bien mélanger jusqu'à obtenir une pâte bien lisse.
Délayer en suite avec le lait froid. Ajouter l'huile de noix, un peu de sucre et 4 cl de Grand Marnier.
Laisser à reposer au frais pendant 2 heures.
Faire les crêpes dans une poêle graissée avec une couenne de lard ou un soupçon d'huile de noix.
Mettre à dorer légèrement au four les cerneaux de noix grossièrement pillés.
Dans une jatte mettre le blanc d'un œuf et 100 gr de sucre semoule.
Bien mélanger, ajouter les cerneaux de noix et un trait d'huile de noix.
Bien méler le lout.
Etaler sur chaque crêpe une mince couche de cette préparation et rouler la crêpe,
Tartiner légèrement le dessus d'un peu de préparation et rouler la crêpe.
Placer les crêpes dans un plat à four très chaud légèrement beurré.
Arroser le tout de Grand Marnier et flamber.
Servir très chaud.
Accompagner d'un Monbazillac frais ou d'un Jurançon blanc moelleux servi à (8 /9°).

Les cuisses de grenouilles au blanc de Provence

J'ai souvenir, mais il existe encore, du petit marché de St Jean-de-Monts, celui qui se tient au cœur du vieux village. Il y avait des brochettes de cuisses de grenouille que les maraîchins préparaient dans la nuit pour les vendre au petit matin, toutes fraîches. Elles étaient embrochées sur deux paillons par tailles croissantes.

On s'en régalait soit au barbecue soit à la poêle ; natures, juste relevées d'une tête d'ail et d'un trait de gros plant...

Evoquant ces cuisses de nos batraciens de relative petite taille cela me remet en pensée ces énormes cuisses servies en Floride et à la Nouvelle-Orléans que j'avais prises pour des cuisses de poulet tant elles étaient grosses...

Tout cela pour dire que l'on trouve de tout sur cette terre et qu'hélas aujourd'hui rares sont les cuisses "hexagonales" sur les étals franciliens.

C'est que la réglementation est si sévère de nos jours que l'on a plus de chance de la trouver de l'importation sous-vide ou congelée que de la pêche française de tradition...

Quoi qu'il en soit là cuisse de grenouille est un mets succulent dont la Provence a su tirer le meilleur parti.

Voici une recette dégustée entre Sospel et Menton il y a quelques années, mais dont j'ai gardé en mémoire toutes les émotions gustatives.

Pour 4 personnes

1 bouteille de Côtes de Provence blanc
2 douzaines de cuisses de grenouille
1 tête d'ail
1 carotte (grosse)
3 tomates (Olivette de Provence)
1 branche de céleri
1 branche de fenouil
1 bouquet garni
Huile d'olive
Sel, poivre

Peler et écraser l'ail.
Peler et concasser les tomates.
Peler et détailler en duxelle la carotte.
Effiler et détailler le céleri et le fenouil.
Dans une vaste poêle, mettre à chauffer un peu d'huile d'olive.
Y mettre à fondre les légumes en duxelle avec le bouquet garni. Saler, poivrer.
Ne pas faire brûler. Remuer longuement pour obtenir un fond coloré.
Augmenter la flamme et mettre les cuisses de grenouille à sauter vivement.
Quand les cuisses sont cuites, les mouiller avec un verre (10 cl) de Côtes de Provence blanc.
Bien remuer à la spatule. Oter le bouquet garni. Servir chaud.
Accompagner d'un Côtes de Provence blanc frais (8/10°).
C'est simple, rapide et délicieusement parfumé.
Il y a des gastronomes qui poussent jusqu'à flamber le plat au pastis avant de servir. C'est affaire de goût car le céleri et le fenouil suffisent avec l'ail à donner à ces cuisses un petit air ensoleillé de notre jolie Provence.

Le cuissot de marcassin au vin de Corse

La Corse n'est pas uniquement une île au soleil à quelques encablures du continent. C'est un pays où il fait bon vivre pour peu que l'on sache s'y faire des amis parmi les insulaires.

Sur le plan gastronomique, on s'y régale de charcuteries délicieusement sauvages, de fromages parfumés et de vins de caractères.

Mais on se fait une fête avec le gibier qui y abonde.

Ainsi, ces petits sangliers noirs que l'on ne chasse qu'avec courage et habileté, tant ils sont futés et rapides.

Leur viande est incomparable.

J'ai souvenance d'un cuissot de marcassin au vin de Corse en provenance de la Coopérative de la Casinca (la plus ancienne de l'île). Ce vin exceptionnel est commercialisé sous le nom impérial "Roi de Rome" récolté sur un ensemble de propriétés de 850 hectares à une trentaine de kilomètres de Bastia vers Porto Vecchio.

C'est un vin rouge fruité, souple et rond qui convient remarquablement à la sauce qui accompagne le cuissot et enchante dans le verre. On en trouve sur le continent.

Voici cette recette, un peu longue, mais quel régal !

Exceptionnellement, les proportions, compte tenu de la taille d'un cuissot, sont données pour 8 personnes.

Pour 8 personnes

1 cuissot de 2 kg
200 gr de lard gras
250 gr d'airelles (fraîches ou en bocal)
8 pommes
100 gr de sucre
80 gr de beurre
Sel, poivre

La marinade

2 bouteilles de vin rouge de Corse
10 cI de vinaigre vieux de vin rouge
2 oignons
1 carotte
Bouquet garni
2 clous de girofle
1 gousse d'ail
Noix de muscade
8 grains de poivre
4 baies de genièvre
5 cl d'huile d'olive
5 cl de marc de raisin

La sauce

50 gr de beurre

1 cuiller d'huile d'olive
6 échalotes grises
125 gr de champignons
Farine

La marinade tamisée
10 cl de crème fraîche
100 gr de raisins de Corinthe

Dans une casserole, mettre les 2 bouteilles de vin, le vinaigre, les oignons pelés et émincés, la carotte grattée et coupée en rondelles, le bouquet garni, les clous de girofle, la gousse d'ail pelée, les grains de poivre écrasés, les baies de genièvre écrasées, une pincée de noix de muscade.
Mettre à cuire pendant un bon quart d'heure.
Quand le tout a bien cuit, couper la flamme. Ajouter l'huile et le marc. Laisser refroidir.
Placer le cuissot dans un large plat ovale et l'arroser avec la marinade refroidie.
Laisser macérer pendant 12 heures en retournant le cuissot toutes les deux heures.
Pendant le temps de cette macération, mettre à tremper les raisins dans de l'eau au frais.
Au terme de ces 12 heures, ôter le cuissot et l'éponger avec un torchon sec.
Couper le lard gras en petits lardons. En piquer le cuissot. Saler, poivrer, muscader celui-ci légèrement.
Mettre à rôtir dans un plat à four avec le beurre et un trait d'huile d'olive au four (th. 5/6) pendant 1 h 1/2, en arrosant souvent avec le jus de cuisson.
Passer la marinade sur une casserole et la mettre à bouillotter à découvert pour la faire réduire de moitié.

Mettre le sucre à fondre dans 1/2 litre d'eau et y mettre à cuire les airelles pendant 10 minutes si elle sont fraîches.
Sinon, mettre à chauffer le jus des airelles en bocal avec le sucre. Peler et vider les pommes et les mettre à pocher dans ce sirop pendant 5 minutes. Les égoutter et les farcir avec les airelles. Peler et hacher les échalotes. Couper le pied des champignons et laver les têtes.
Dans une sauteuse, mettre un peu de beurre et une cuiller d'huile d'olive à chauffer.
Y mettre à sauter les échalotes et les champignons.
Quand les champignons ont régurgité leur eau, les poudrer à la farine (2 cuillers), faire roussir.
Mouiller avec les 3/4 du jus passé de la marinade et mettre à cuire à feu doux pendant 10 minutes.
Ajouter la crème fraîche en fouettant vivement.
Ajouter alors les raisins. Saler, poivrer, réserver au bain-mairie.
Présenter le cuissot tranché et nappé avec le jus de cuisson déglacé avec le reste de la marinade. Entourer des pommes fruits farcies d'airelles..
Accompagner d'une purée de céleri et de carottes.
Servir la sauce à part en saucière.
Un seul vin : un vin rouge de Corse. Le même qui a servi à préparer le plat.

Les plantes condimentaires

Ne les oubliez pas !

Très souvent, ce sont les plantes condimentaires qui donnent aux plats cuisinés tout leur arôme, toute leur saveur.

En effet, que seraient la plupart des viandes et sauces sans ail, sans échalote, sans oignon et sans fines herbes ?

Peut-on imaginer salades et crudités sans le parfum du persil et de la ciboulette ?

Que deviendraient également de nombreux plats de charcuterie sans cornichons et oignons blancs ?

De nombreuses autres plantes condimentaires (basilic, céleri, cerfeuil, estragon, laurier, marjolaine, romarin, sarriette, sauge, thym), enrichissent également de leur bouquet notre cuisine, et sont le secret de spécialités régionales.

Les plantes condimentaires, souvent modestes, nous offrent généreusement une grande variété de parfums et de goûts : Ne les oublions pas !

Car, savez-vous que vous pouvez toujours avoir à porter de la main, dans une jardinière ou dans un simple pot, sur un balcon ou sur un bord de fenêtre, un peu de persil, de basilic, de cerfeuil, de ciboulette, d'estragon ou de sarriette ?

Savez-vous également que le laurier-sauce, le romarin et le thym s'intègrent parfaitement à un jardin d'ornement. Quant à l'ail, l'échalote, l'oignon, les cornichons, ils trouveront tout naturellement leur place au jardin potager.

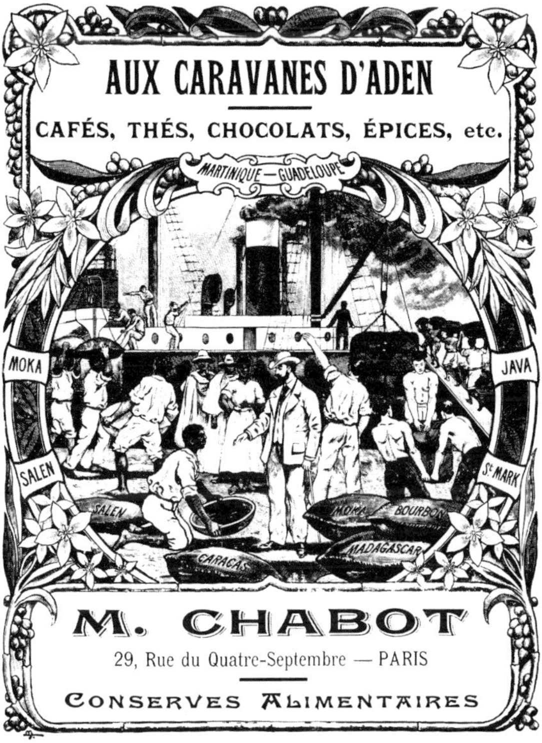
AUX CARAVANES D'ADEN
CAFÉS, THÉS, CHOCOLATS, ÉPICES, etc.
MARTINIQUE — GUADELOUPE
MOKA
JAVA
SALEN
St MARK
SALEN
MOKA
BOURBON
MADAGASCAR
CARACAS
M. CHABOT
29, Rue du Quatre-Septembre — PARIS
CONSERVES ALIMENTAIRES

Dorade au cidre de Brie et au safran du gätinais

Plus le poisson est gros, plus on l'avale facilement, c'est bien sûr ! Le jour du 1er avril toutes les farces sont permises... sauf dans l'assiette.

Pour autant devrait-on ne point se régaler de poisson le 1er avril ? Que nenni !...

Voici une recette fort délicieuse et presque... régionale puisque dans celle-ci entre du safran que l'on a cultivé jusqu'après la première guerre mondiale en Gâtinais dans le sud de la Seine-et-Marne et que l'on voit refleurir depuis quelques temps.

Pour rendre cette recette parfaitement locale, j'y ai fait entrer du cidre et du vinaigre de ... Lagny.

Il s'agit d'une recette de dorade dont..., blague dans le coin, vous me direz des nouvelles.

Pour 4 personnes

1 bouteille de cidre brut
1 dorade de 1,500 kg
50 gr de beurre
10 cl de vinaigre de Lagny
2 oignons
4 tomates de Marmande
Pistils de safran (1 gr)
Sel, poivre

Ecailler, vider, laver et bien essuyer la dorade après avoir coupé au couteau les nageoires.
Couper celle-ci en 4 grosses darnes. Mettre ces darnes à mariner pendant 2 heures dans 2 verres de cidre, 10 cl de vinaigre, sel et poivre.
Peler et hacher les oignons.
Les mettre à blondir dans une cocotte au beurre.
Concasser les tomates pelées et les ajouter dans la cocotte.
Saler. Poivrer. Parsemer de pistils de safran.
Couvrir et laisser à mijoter pendant 1/4 d'heure à feu doux.
A ce moment mettre les darnes de dorade dans la cocotte et laisser à cuire à feu moyen pendant 20 minutes.
Servir avec du riz pilaf.
Accompagner d'un Chardonnay bien frais ou encore d'un Apremont ou d'un Crépy de Savoie frais (8 -10°).

Dorade farcie au cidre

La dorade ou daurade (c'est le même poisson) est délicieuse mais nécessite une cuisson précise. Cette recette est un peu compliquée de prime abord mais en la suivant avec soin on atteint au bonheur gustatif intégral.

Essayez-là un dimanche si vous voulez régaler les vôtres et les étonner.

Pour 4 personnes

1 belle dorade
1 bouteille de cidre brut
4 échalotes
1 bol de mie de pain rassis (pain de mie)
200 gr de lard de poitrine 1/2 sel
3 pommes reinettes
1 cuiller à café de jus de citron
1 jaune d'œuf
1 cuiller à soupe de crème
1 cuiller à soupe de persil haché
3 oignons, 1 petite feuille de laurier
Sel, poivre

Pour la sauce
100 gr de crème épaisse.

Ecailler la dorade, la vider sans déchirer la poche ventrale, la laver, l'essuyer. Couper le lard en petits morceaux, le faire blanchir 5 mn à l'eau bouillante, le rincer à l'eau froide, l'éponger.
Eplucher les pommes, les raper en les arrosant avec le jus de citron, humecter la mie de pain de très peu de cidre, la passer au mixer avec les lardons, les pommes râpées, les échalotes hachées le persil haché. le jaune d'œuf, la cuiller de crème, sel et poivre, pour obtenir une farce lisse et homogène, en remplir la poche ventrale de la dorade.
Allumer le four (th. 7)
Beurrer un plat long dans le fond duquel on place les oignons émincés et la feuille de laurier, allonger la dorade sur ces derniers, mouiller avec le cidre dans lequel on a délayé la crème, assaisonner.
Faites cuire au four, thermostat 6-7 pendant 35 minutes, servir chaud dans le plat de cuisson.

La dorade au four et au côtes de Provence

Il y a des plats que l'on ne savoure qu'avec l'âge. Ainsi étant tout jeune je n'appréciais guère la dorade au four que ma maman réussissait pourtant à merveille.

Je dois avouer que le goût du poisson ne m'est venu que plus tard, peut-être avec l'expérience et l'apprentissage du « désarétage « efficace.

Aujourd'hui une dorade au four m'est un régal. Allez savoir pourquoi j'ai tant tardé ?

Voici donc une recette de ce délicieux poisson.

En fait, en provencal, on écrit daurada mais cela se traduit par... doré.

Ecrivez-le comme vous voulez mais ne manque pas de vous en régaler à l'occasion.

Pour 4 personnes

1 dorade de 1,600 kg
1 bouteille de Côtes de Provence blanc
2 oignons
2 échalotes grises
2 gousses d'ail
2 tomates de Marmande
2 branches de fenouil
Huile d'olive

20 gr de beurre
Persil
Sel, poivre

Ecailler, vider, laver, éponger la dorade.
Faire chauffer le four (th. 7-8).
Peler l'oignon, l'échalote, l'ail.
Couper les tomates en quartiers.
Emincer l'oignon, l'échalote. Piler l'ail grossièrement.
Huiler au pinceau un plat à four.
Mettre une noix de beurre saler, poivrer à l'intérieur de la dorade.
Poser le poisson dans le plat à four huilé.
Mettre autour les plantes aromatiques et les quartiers de tomates ainsi que les branches de fenouil et de persil.
Mouiller avec 10 cl de Côtes de Provence blanc.
Mettre le plat au four.
Au bout de 15 minutes, sortir le plat et retourner la dorade délicatement.
Remettre au four pour 15 minutes.
Arroser avec le jus toutes les 5 minutes.
Servir avec des pommes vapeur et un côtes de Provence blanc frais (8-10°).

La dorade au gros plant

Fut un temps où le vendredi dans ma famille où l'on respectait la religion, pour rien au monde on aurait consommé de la viande. C'était le jour du poisson.

Mais quand ce vendredi tombait un jour de célébration d'une fête ou d'un anniversaire, on oubliait le sacro-saint hareng poêlé et l'on se faisait une fête autour d'une jolie dorade (ou daurade) au four nageant dans un solide Gros Plant de la région de Rouans ou de Cheix-en-Retz.

Le Gros Plant est le nom vendéen de la Folle blanche, un cépage particulier qui donne des vins de caractère.

Dans son four ma maman n'avait pas sa pareille pour nous préparer, je me demande comment elle faisait, les plats les plus délicats à réussir. Mais quel festin que ce jour... maigre !

Pour 4 personnes

1 dorade de 1,5 kg
2 oignons
4 tomates de Marmande
1 gousse d'ail
10 cl de Gros Plant
80 gr de beurre
Persil
Sel, poivre

Mettre le four à chaud très vif (th. 8-9) (250-270°)
Beurrer généreusement la dorade.
Avec la pointe d'un couteau introduire dans ses flancs des éclats d'ail.
Saler, poivrer.
Dans un plat à four beurré, placer le poisson. Parsemer dessus quelques morceaux de beurre. Enfourner.
Pendant ce temps, peler et épépiner les tomates. Les couper en rondelles.
Peler et émincer les oignons.
Ouvrir le four et mettre autour du poisson les tomates et les oignons émincés. Ajouter le persil en branche.
Arroser le poisson avec le jus de cuisson.
Puis l'arroser avec le Gros Plant.
Ramener la température du four à 170° et refermer celui-ci pour 20 minutes.
Servir chaud et napper de la sauce le poisson.
Accompagner de pommes de tere cuites à la vapeur persillées et beurrées.
Comme vin : un Gros Plant frais à 8-10° de température.

Ecrevisses à la Crécy

La controverse snas être rude, existe, à propos des carottes de Crécy.

S'agit-il du Crécy la chapelle en Brie plutôt réputé pour ses... cressonnières ou de celui du Nord célèbre par sa bataille perdue.

Qu'importe après tout puisqu'il s'agit de... carottes.

Quant aux écrevisses, véritable baromètres de la pollution on en pêche à nouveau (ou plutôt ou en chasse) dans les rivières nettoyées.

Hélas la française se fait rare et le plus souvent on pêche de l'américaine à grosses pattes et au corps effilé ou de la patte rouge de l'est.

Régalons nous de cette recette que m'offrit le regretté Emile Aléxis Tingaud (l'Auberge de Condé à la Ferté-sous-Jouarre 77)

Pour 4 personnes

5 douzaines d'écrevisses françaises ou à pattes rouges
1/2 bouteille de Champagne nature (vin tranquille)
2 oignons
3 blancs de poireau
1 branche de celeri
750 gr de carottes (100 g pour le court-bouillon)
6 clous de girofle
1 bouquet de persil
Sel, poivre, mignonette de poivre...
50 cl de crème fraiche épaisse
350 gr de beurre
2 jaunes d'oeufs

Les écrevisses
Préparer un court bouillon avec de l'eau, le champagne nature, oignon, le blanc de poireau, la branche de céleri, les 100 gr de carotte, clou de girofle, persil mignonette.
A ébullition, pocher les écrevisses dans ce court bouillon pendant 7 à 8 minutes.
Retirer les écrevisses, les égoutter, les décortiquer. Les réserver.
Réduire le fumet et y plonger les carcasses pilées pendant 30 minutes.
Passer au chinois et faire réduire encore de moitié. Monter au beurre.
Assaisonner avec sel et poivre.
Dresser les écrevisses sur un plat à gratin et napper avec la sauce.
Glacer.

Garniture

Monter un flanc de carotte de crécy en dariole. (ou en ramequin individuel). Pour cela beurrer les moules et les placer au réfrigérateur pendant une bonne heure.
Eplucher les carottes et les émincer. Les cuire à l'eau bouillante avec une pincée de sel et une de poivre.
Egoutter et passer au mixer. Ajouter le beurre, la crème fraîche et les jaunes d'oeufs. Bien mélanger. Rectifier l'assaisonnement.
En garnir les darioles (ramequins).
Dans un plat à four dans lequel on aura versé 2 verres d'eau, disposer les darioles et commencer la cuisson sur une source de chaleur à l'air libre. Quand l'eau est à ébullition mettre le plat, après l'avoir recouvert d'une feuille de papier aluminium beurré, au four th. 5. Laisser cuire pendant 15 minutes.

Les entrecôtes à la Beaujolaise

Comment met-on au point une recette ? Souvent par hasard ou par opportunité.

Ainsi le 18 novembre 1993, me trouvant en excellente compagnie chez un artisan-boucher comme je les apprécie,aimant son métier et choisissant ses bêtes avec soin auprès de fournisseurs soigneusement sélectionnés et réputés pour leur sérieux, je me suis amusé à faire des entrecôtes à la... beaujolaise.

En fait l'occasion faisant le larron, j'ai voulu prouver qu'un Beaujolais Primeur pouvait fort bien entrer en cuisson.

Et donc l'ami Peyron, c'est le boucher du Pin en Seine et Marne, m'ayant fourni des entrecôtes merveilleuses un peu de graisse d'oie, du Beaujolais nouveau, des échalotes, un trait de marc égrappé et un peu de beurre j'en ai fait des entrecôtes à la Beaujolaise.

Résultat intéressant même si ce fut fait un peu à la va-vite.

Je vous la livre, cette recette conviviale en diable.

Pour 4 personnes

1 bouteille de Beaujolais primeur
4 entrecôtes de 1 cm d'épaisseur
40 gr de graisse d'oie
40 gr de beurre
8 échalotes
5 cl de marc égrappé
Sel, poivre

Peler et hacher les échalotes.
Dans une vaste poêle mettre à fondre la graisse d'oie. Y mettre à fondre les échalotes.
Quand celles-ci sont transparentes les ôter.
Dans la graisse restante, mettre à saisir les entrecôtes.
Saler, poivrer.
Quand les entrecôtes sont saisies sur les 2 faces, les ôter et le mettre à réserver au chaud.
Remettre les échalotes dans le jus de cuisson.
Verser dessus 1/4 de la bouteille de Beaujolais. Porter à ébullition et faire réduire un peu.
Verser un trait de marc égrappé et faire flamber.
Au fouet incorporer peu à peu le beurre dans cette sauce. Rectifier l'assaisonnement.
Servir les entrecôtes et les napper d'un peu de cette sauce.
Déguster avec des pommes sautées et un Beaujolais primeur frais (9 à 12°).

La cuisine de... l'autruche

Il en va de la cuisine comme de la politique. Chacun l'assaisonne à son goût.

Depuis quelque temps, une mode nouvelle fait son apparition en France. La viande d'autruche.

Jusqu'alors le bel oiseau... terrien, car il ne peut voler, n'était élevé que pour ses plumes qui paraient les fesses des danseuses de cabaret et les cous des dames d'âge mûr. Sa viande était consommée sur place au sud de l'Afrique).

Quelques snobs s'en faisaient importer pour un dîner surprise exotique autant qu'excentrique dans lequel on retrouvait de la trompe d'éléphant ou des « avantages « de rhinocéros... voire du python en matelote.

Mais voilà des élevages d'autruches sont apparus en France.

Cet oiseau africain de grande taille (et c'est le plus grand du monde), peut mesurer en moyenne 2,50 m, peser de 100 à 120 kg, vivre jusqu'à 50 ans et courir à la vitesse de 60 km / heure. Sous l'Antiquité, ce volatile était déjà très prisé puisqu'un empereur romain fit déguster les cervelles de six cents autruches auxquelles il attribuait des propriétés aphrodisiaques. Dès 1860, des élevages virent le jour en Afrique du Sud, et les premières exportations vers l'Europe de plumes et de peaux firent la richesse de quelques éleveurs.

Côté viande, le cuisinier de l'époque qui s'intéressât à cette nouvelle chair fût Joseph Favre, d'origine helvétique, fondateur de l'Académie culinaire (1893) et grand théoricien de la cuisine. L'œuf, aujourd'hui denrée introuvable pèse approximativement 1,5 kg et permet de cuire une omelette pour une quinzaine de convives !

Aujourd'hui, 600 tonnes sont consommées chaque année en Europe, principalement en Belgique, aux Pays-Bas, en Allemagne et en Suisse.

Depuis 1988, quelques élevages d'autruches ont vu le jour en France.

Elles se sont parfaitement acclimatées. Elles paturent librement et se nourrissent de céréales, de luzerne et d'herbes.

Au moment où notre agriculture locale et singulièrement nos éleveurs traditionnels de bovins et d'ovins ont toutes les peines du monde à écouler leurs productions, celle d'autruches, qui ne sont tout de même pas des oiseaux familiers de nos prairies, semble un peu superfétatoire.

L'alibi des plumes ne tient plus. Ou alors, pourquoi interdire le vison, l'agneau l'astrakan et le renard bleu ?

Celui de la viande n'a jamais et ne sera jamais crédible.

Pour plusieurs raisons : ce n'est pas une viande blanche encore qu'elle en ait la texture.

Ce n'est pas de la viande rouge sur le plan nutritif (moins riche que la volaille) et même gustatif.

Encore qu'il y ait lieu de se tromper sur le filet qui ressemble à celui du bœuf. Mais le filet est un muscle inerte dans l'un et l'autre cas. Et comme l'autruche est herbivore...

J'y ai goûté, par simple curiosité. Pas de quoi en faire un... plat.

Par contre, l'emploi de cette viande requiert des changements dans les habitudes des cuisinières.

La viande doit être à température avant toute cuisson (bonjour les étés torrides).

Elle doit être saisie modérément et jamais à sec (bonjour les grillades).

Elle nécessite moins de cuisson que le bœuf (faut aimer la viande rouge... bleue).

Il ne faut jamais piquer la viande (des fois qu'elle se dégonfle ?...)

Sur le plan du prix, cela tourne autour de 185 F le kg de filet.

Pour ma part, je resterai chauvin et préfèrerai voir veillir les autruches dans la prairie que de changer mes habitudes gustatives hexagonales.

D'ailleurs j'ai un principe. En France, je mange français. En Italie... italien, en Espagne... espagnol et si mes pas me portent en Afrique du Sud, alors là je m'initierai à la cuisine... autruchienne.

Je laisse aux snobs les mets d'une mode qui finira bien par passer. Comme toutes les modes. Sauf celle du bœuf... à la mode.

Escalopes de canard aux pêches au Cahors

Le magret de canard est plus gros et plus gras que le filet ou aiguillette.

Cela tient au fait que seul le mulard ou le Barbarie ayant été engraissé et gavé pour son foie.. gras peut donner un magret (en fait 2). C'est une chair rouge et moelleuse.

Poilé à sec le magret nécessite une sauce sucrée et un vin tanique comme le cahors.

Pour 4 personnes

Choisir 4 magrets de canard bien dodus. Les faire cuire à la poêle "rosé".
Escaloper les magrets dans le sens de l'épaisseur.
Dresser dans un plat entouré d'oreillons de pêches pochés dans du cahors.

La sauce
50 gr de sucre
2 cl de vinaigre
5 cl de Cahors (celui du pochage)
Jus de cuisson des pêches
Sel, poivre

Faire un caramel avec le sucre, ajouter le vinaigre et le jus de cuisson des pêches. Faire réduire. Saler, poivrer.
Couper deux pêches en petits quartiers qui seront ajoutés à la sauce.
Vin conseillé : Cahors

Escalopes de foies de canard chaud au vieux Vouvray

Le foie gras est encore meilleur frais et cuit escalopé dans une sauce capiteuse.

A Chinon il m'a été donné de déguster un foie gras de canard au vieux Vouvray qui m'a laissé pantois d'admiration et de reconnaissance gourmande.

En voilà la recette.

Pour 4 personnes

1 foie de canard de 400 gr minimum
200 gr de grains de raisin muscat épépinés
1/2 bouteille de Vouvray moelleux
1/2 litre de consommé (bouillon de pot-au-feu)

Pocher le foie entier environ 15 mn dans 1/2 litre de consommé sans ébullition.

Faire réduire le consommé avec la 1/2 bouteille de vieux vouvray.

Au demier moment, ajouter les grains de raisin avec la graisse que le foie aura rendue.

Escaloper le foie et napper les escalopes de cette sauce.

Vin conseillé : un Vouvray moelleux.

Escalopes de foie gras au Ratafia

Michel Bacoury fut un jeune chef prometteur qui, avait pris la succession de mon génial père Gaston aux cuisines du Relais Saint-Etienne à Meaux (77), aujourd'hui transformé en boutiques modernes...

Il tenait de son aîné cette recette dont on ne se lassait jamais.

Le foie gras escalopé au Ratafia.

Cela a l'air simple mais requiert un sérieux tour de main pour que le foie gras ne finisse pas comme du beurre au fond de la poêle.

Mais quel régal !

Pour 4 personnes

4 escalopes de foie gras de canard au (170 gr par personne) épais de 8 mm à 1 cm
1 échalote grise
1 cuiller à café de capres
Ratafia de champagne
Sel, poivre
5 cl de crème fraîche

Prendre un beau foie gras d'oie de taille moyenne en retirer le fiel et y placer à cet endroit une pincée de sucre en poudre.
Couper dans la longueur des escalopes de 6-8 mm d'épaisseur.
Saler, poivrer.
Sur feu vif, les sauter à cru dans une sauteuse, bien faire dorer.
Attention ça va vite.
Les retirer et réserver. Ne pas jeter la graisse restant au fond de la sauteuse.
Y plonger une cuillère à café de câpres et 1 échalotte ciselée.
Laisser tomber quelques secondes, puis déglacer avec 3 cuillers à soupe de crème fraîche et une cuillère de Ratafia.
Laisser réduire. Rectifier l'assaisonnement si besoin.
Napper les escalopes, servir.
Vin d'accompagnement : un petit verre de Ratafia.

L'escalope de saumon "Ivre de bière"

J'aime aller m'attabler chez mon ami Jean François Blanc en sa Taverne Kronenbourg, l'ambassade d'Alsace sur les Grands Boulevards.

J'y découvre toujours une recette à la bière qui m'étonne et m'enchante. Ainsi cette escalope de saumon ivre de bière...

Pour 8 personnes

1 saumon de 2 kg
1/2 litre de bière brune
1 jus de citron
8 écrevisses
1/2 litre de fumet de poisson
100 gr de petites carottes
100 gr de fevettes cuites et épluchées
1 dl de vinaigre
1/2 litre de crème double
100 gr de beurre
2 morceaux de sucre
2 laitues, 2 échalotes
1 cuiller à soupe de graines de coriandre
50 gr de gros sel
50 gr de poivre mignonnette

La veille : dans une jatte, verser la bière, le vinaigre, le jus de citron, le sucre, la coriandre et les échalotes ciselées. Bien mélanger et réserver.
Préparer le saumon, lever les filets en faisant glisser la lame d'un couteau sur l'arête centrale. Les couper en *8* parts égales sans retirer la peau. Les déposer au fur et à mesure dans la marinade.
Laisser macérer toute une nuit.
Le lendemain : dans une casserole à fond épais, couper le beurre en morceaux, le faire fondre sur feu doux. A l'aide d'une écumoire prélever toute l'écume. Verser le beurre dans un bol et laisser refroidir. Il est clarifié.
Retirer les escalopes de saumon de la marinade. Les réserver.
Dans la casserole à fond épais, verser la marinade et la crème fraîche (en réserver 3 cuillers à soupe) et faire réduire de moitié.
Dans une cocotte, faire braiser les feuilles de laitue sur feu doux.
Ajouter la crème réservée, saler et poivrer. Faire réduire et garder au chaud.
Faire cuire les écrevisses dans le fumet de poisson frémissant, réserver au chaud.
Eplucher et tourner les petites carottes les cuire à la vapeur pendant 6 à 7 minutes. Ajouter les fevettes, les réchauffer une minute.
Eponger les escalopes de saumon, les saisir côté peau dans une poêle avec 50 gr de beurre clarifié pendant 3 à 4 minutes.
Ajouter le reste de beurre à la sauce et fouetter vivement.
Dans les assiettes de service, mettre une cuiller à soupe de laitue au milleu, déposer le saumon, recouvrir de gros sel et de mignonnette. Verser la sauce autour du poisson. Décorer avec les carottes, les fevettes et les écrevisses.

Les escargots au Bourgogne aligoté

Voici une recette d'escargots de Bourgogne à la ... bourguignonne.

Contrairement à une idée reçue, un plat bourguignon ce n'est pas obligatoirement et uniquement au vin rouge.

A preuve, ces escargots au Bourgogne Aligoté (celui qui sert à faire le kir 1/5 crème de cassis, 4/5 d'Aligoté).

En effet le beurre d'escargots est bien plus digeste et léger si l'on y incorpore de l'Aligoté et quelques gouttes de marc égrappé (quelques gouttes seulement. Pour l'arôme).

Cette recette, reçue d'un ami très cher, trop tôt enlevé à notre affection, je vous l'offre en mémoire de lui. Ce bon Jean Cochaud qui anima avec tant de talent repas bacchiques et mâchons lyonnais dans la capitale et alentour.

En souvenir de Jean, voici sa recette d'escargots à la bourguignonne.

Pour 4 personnes

4 douzaines d'escargots de Bourgogne
1 bouteille d'Aligoté
1 trait de marc égrappé
2 gousses d'ail
1 échalote
200 gr de beurre fermier
Sel, poivre
Persil plat

Si les escargots sont vivants, les mettre à dégorger pendant dix jours dans un seau fermé par un grillage avec du sel et du persil.
Les laver à grande eau puis les ébouillanter pendant 1/4 d'heure.
Les décoquiller soigneusement.
Nettoyer les corps et mettre le beurre à ramollir.
Peler et hacher l'ail. peler et hacher l'échalote. Laver et hacher finement le persil au couteau.
Malaxer le tout. Saler. Poivrer, mettre quelques gouttes de marc.
Ajouter 10 cl de vin blanc aligoté. Mélanger le tout soigneusement.
Dans chaque coquille, mettre un peu de ce beurre d'escargots et tasser au fond.
Puis y mettre un corps d'escargot et occulter avec une noisette de beurre d'escargot.
Disposer les escargots,ouverture vers le haut dans les plats alvéolés ou sur un lit de gros sel sur la plaque à four.
Allumer et faire chauffer le four th.5/6.
Mettre alors les escargots au four et les ôter dès que le beurre mousse.
servir très chaud et accompagner d'un Chablis frais ou d'un Pouilly Fuissé.

N.D.L.R. Ne jamais laisser brunir le beurre d'escargot. C'est indigeste et néfaste pour la santé. Et ce n'est pas bon bon au goût. Car alors tous les arômes du vin et du marc seront partis en... fumée.
Le bon pain qui accompagne le mieux ces escargots est bien sûr celui de campagne ou celui de mon ami Lionel Poilane, coupé en petites mouillettes (comme pour les œufs à la coque).

Le faisan au Chateauneuf du Pape et à la choucroute

Les Chateauneuf du Pape sont des vins des Côtes du Rhone de la région d'Avignon au caractère solide mais enjoué.

Facile aussi puisque les blancs se marient merveilleusement à la choucroute et au faisan. Une manière originale de déguster ce gibier.

Pour le coup je conseille plutôt le coq que la poule car la chair est plus ferme et donc tiendra mieux à une cuisson longue.

Pour 4 personnes

1 beau faisan
1 kilo de choucroute crue
2 pommes Reinette
2 tranches de poitrine fumée
1 saucisson à cuire
1 bouteille de Chateauneuf du Pape blanc
1 cuillère à soupe de baies de genièvre
1 bouguet garni
1 oignon, 2 gousses d'ail, sel, poivre, muscade
100 gr de graisse d'oie

Dans une cocotte, faire fondre la moitié de la graisse d'oie.
Poser le 1/3 de la choucroute, les tranches de poitrine fumée, les quartiers de pommes.
Ajouter un 1/3 de choucroute, le saucisson à cuire, le bouquet garni, l'oignon, l'ail et les épices. Etendre la dernière couche de choucroute.
Couvrir le tout avec le Chateauneuf du Pape et le restant de la graisse d'oie.
Saler peu, poivrer. Laisser cuire à couvert 3 heures environ.
Faire rôtir le faisan bardé et assaisonné 45 minutes environ à four chaud (th. 8). Découper le faisan, le servir avec la choucroute et le saucisson.
Déglacer le jus de cuisson avec un verre de Chateauneuf du Pape.
Servir le tout très chaud.

Faisan sauté au cidre

Voici une recette élaborée par le Centre d'information du Cidre pour les "Chefs" désireux de promouvoir ce produit du terroir.

Pourquoi en priver les amateurs ?

D'autant qu'elle est plus simple à réaliser qu'il n'y parait.

Pour 4 personnes

1 faisan
1/2 l de cidre brut
6 échalotes
125 gr de lard de poitrine fumé
30 petits oignons grelots (environ)
200 gr de petits champignons
1 tasse de boulllon de volaille
1 cuiller à soupe rase de farine
1 cuiller à café de jus de citron
80 gr de beurre
Sel, poivre

Couper le faisan en 4 morceaux, les assaisonner.
Faire revenir au beurre dans une sauteuse le lard coupé en petits dés.
Les égoutter et les réserver.
Dans cette sauteuse faire dorer les morceaux de faisan avec les échalotes hachées.
Faire revenir les champignons dans 1 cuiller à soupe de beurre.
Dans une petite casserole faire cuire les petits oignons épluchés dans le bouillon et le reste de beurre jusqu'à complète réduction du liquide.
Lorsque le faisan est doré, le saupoudrer de farine, bien mélanger, mouiller avec le cidre, le jus de citron.
Rectifier l'assaisonnement,
15 mn avant de servir, ajouter dans la sauteuse lardons, oignons et champignons.

Filet de bœuf farci au Pouilly Fumé et aux champignons

Encore une recette de... voyage. C'est au retour d'une visite au chateau de Ladoucette, où l'on élabore un délicieux Pouilly Fumé que l'idée m'est venue, saison aidant, de ce bœuf farci aux champignons aromatisé au Pouilly Fumé. Une recette automnale en diable pour un retour de pêche ou de chasse.

Pour 4 personnes

Un filet de bœuf de 800 à 900 gr
1/4 litre de Pouilly
100 gr de beurre
Un verre de cognac
Laurier, thym, un oignon émincé
300 gr de champignons de couche émincés
Sel poivre et muscade
Huile d'olive, un citron.

Faire mariner le filet pendant 12 heures (du soir au lendemain dans la matinée par exemple) avec Pouilly Fumé, un filet de citron et une cuiller d'huile d'olive.
Dans une sauteuse faire fondre 50 gr de beurre auxquels on aura ajouté le cognac, le laurier, le thym et du sel.
Lorsque le beurre est bien fondu y jeter l'oignon émincé que l'on fait dorer. Puis on y ajoute les champignons émincés. Quand ceux-ci ont repris leur eau, on égoutte le filet et on le coupe sur un côté. Dans cette incision on y place les champignons et leur assisonnement sauf le laurier et le thym. On ficèle le filet et on le fait dorer avec 50 gr de beurre. On y ajoute alors la marinade et l'on couvre. On laisse à cuire une petite demi-heure, puis on enlève le couvercle pour faire réduire un peu de jus. On dresse sur un plat et l'on déglace la sauce avec un petit morceau de beurre avant d'en napper les tranches.
Servir très chaud avec pommes dauphines ou mieux une purée de céleri et une purée de carottes.

Filets de Chinchard au muscadet

Le chinchard, que certains bâptisent parfois maquereau n'en est pas un, même s'il lui ressemble étrangement.

Il est plus fin d'aspect avec un museau plus épais et des nageoires plus dures. Il est porteur d'écailles plus dures également.

En outre, il est plus fin de goût et plus léger que le maquereau. Il se digère bien mieux.

On le trouve en abondance à partir d'avril et jusqu'à fin octobre près de nos côtes atlantiques.

On l'appelle aussi saurel, robinette voire maquereau bâtard.

Avec un muscadet sur lie et un peu de citron on s'en régale superbement *pour* peu que l'on ait pris soin d'enlever délicatement les filets. Si l'on ne sait pas, le demander au poissonnier qui en profitera pour en ôter la peau.

Pour 4 personnes

8 filets de chinchard
1 bouteille de Muscadet sur lie
100 gr de beurre
1 cuiller d'huile d'olive
1 citron
Persil
Sel, poivre

Beurrer un plat à four. Disposer dans le plat les filets côte à côte.
Saler. Poivrer.
Parsemer dessus 40 gr de beurre en noisettes.
Mettre à four chaud (th. 7-8) pendant 20 minutes.
Pendant ce temps, dans un caquelon mettre 50 gr de beurre avec 1 cuiller d'huile d'olive à fondre.
Ajouter 5 à 7 cl de Muscadet sur lie et le jus de la moitié du citron.
Faire fondre.
Arroser 10 minutes avant la fin de la cuisson les filets avec cette sauce.
Détailler l'autre moitié du citron en rondelles.
Hacher le persil.
Au moment de servir, parsemer le persil haché sur les filets et disposer les rondelles de citron sur les filets.
Servir avec des pâtes fraîches ou des épinards en branche, voire les deux. C'est très bon.
Accompagner d'un Muscadet sur lie bien frais (8-10°).

Les filets de colvert au Vieux vin

Ah ! mes amis, j'ai eu l'occasion de faire une découverte émouvante à l'occasion d'un week-end de chasse au pays du Berry.

Je ne vous apprendrais plus que nombre de mes recettes sont collectées lors de promenades dans les terroirs. Celle-ci en est une.

Je la dois à un étonnant personnage, un garde comme on n'en fait plus, un seigneur de la chasse plus qu'octogénaire, amoureux de la nature et respectueux du gibler, gastronome et prince de la table.

Malgré son âge respectable, tout le monde à Argent-sur-Sauldre (Cher) l'appelle Phiphi. Mais quel personnage !

Duc ou prince, personne ne trouve grâce à ses yeux s'il n'est un chasseur accompli et un fin palais averti.

Il m'a fait la joie d'un plat préparé par ses « femmes « sur ses directives, dont j'ai encore les papilles toutes excitées rien qu'à l'évoquer.

Je ne résiste pas au plaisir de vous l'offrir.

Pour 4 personnes

4 filets de colvert (aiguillette)
1 bouteille de vieux vin de Sancerre rouge
20 cl de crème fraîche
40 gr de beurre
Sel, poivre
Poivre vert en grains

Le terme de magret est réservé aux filets des canards gras. Pour les autres, il s'agit de filets ou d'aiguillettes. Dans ce cas précis, ôter la peau des filets des canards colvert mâles.
Dans une large poêle mettre à chauffer 40 gr de beurre.
Mettre à dorer les filets entiers sur toutes les faces.
Quand les filets sont bien saisis et dorés ; les saler et poivrer généreusement.
Oter les filets, mettre à réserver au chaud dans un plat creux.
Déglacer les sucs avec 10 à15 cl de vieux vin de Sancerre rouge.
Faire réduire des 2/3. Mettre 20 cl de crème fraîche à réduire.
Ajouter une cuiller à café de grains de poivre vert.
Faire réduire le tout en fouettant jusqu'à consistance crémeuse.
Napper le filets avec cette sauce.
Servir chaud avec une jardinière de légumes ou des pommes allumettes. Accompagner d'un Sancerre rouge frais.
Goûteux et savoureux à souhait.
Attention la chair doit être cuite rosée à la goutte de sang. Ni trop ni trop peu.

Filets de lisettes au cidre

Allons, pour une fois je vais être particulièrement chauvin et vous proposer une recette que je n'ai pas inventée ni recueillie dans le terroir mais "empruntée" à mon excellent ami Louis Lachenal (Le Sauvage à Rebais) qui est passé maître en l'art de créer des recettes... briardes.

En bon savoyard qu'il est, il a un palais excellent et une passion immodérée pour l'invention.

L'ayant un peu pousssé il y a quelques années à inventer des recettes au cidre et à la pomme, il y a excellé et y excelle toujours. Tant et si bien qu'il est l'auteur du merveilleux livre sur la pomme dans lequel figurent plus de 50 de ses "inventions" succulentes.

Cuisinier chéri du cidre "Jehan de Brie" et des Cidres de France, il m'a autorisé à vous offrir cette recette de filets de lisettes au cidre.

La lisette est un petit maquereau de la taille d'un anchois ou d'une sardine, à la chair succulente et recherchée par les amateurs avertis.

Pour 4 personnes

1 bouteille de cidre brut Jehan de Brie
8 petites lisettes
1 carotte
1 oignon
1/2 citron
Thym, laurier
Sel, poivre
10 grains de coriandre

Lever les filets des lisettes, ou le faire faire par le poisonnier. Peler l'oignon, l'émincer. Gratter la carotte, la couper en rondelles.
Dans une casserole mettre l'oignon, la carotte, le thym, le laurier, les grains de coriandre.
Mouiller avec la bouteille de cidre. Porter doucement à ébullition.
Laisser à bouillotter pendant 8 minutes.
Placer les filets à plat dans le fond d'un plat en terre creux.
Verser dessus le court-bouillon bouillant.
Saler. 3 tours de moulin à poivre.
Ajouter le jus du demi citron. Mettre au frais à couvert pendant 24 heures.
Servir avec des pommes à l'huile et au vinaigre de cidre, tièdes.
Accompagner d'un cidre Jehan de Brie bien frais (8 / 10°)

Filet de porc au Brie de Meaux

Voici une recette un peu compliquée de prime abord mais qui se révèle très simple au fur et à mesure qu'on l'éxécute.

Le filet de porc ayant tendance à être sec à la cuisson là il est moelleux et fondant.

Il y faut tout simplement le temps et le goût.

Avec un Rancio c'est sublime.

Pour 4 personnes

2 filets de porc parés
150 gr de Brie de Meaux bien fait
1 noix de graisse d'oie
1 dl de Rancio
100 gr de champignons de Paris
2 dl de crème fraîche
Le jus d'un citron
Sel, poivre
1 cuillère à soupe de persil haché

Les champignons : gratter la terre, laver plutôt deux fois qu'une, les égoutter, les émincer, puis les mettre dans une poële avec le jus de citron et une petite pincée de sel et une noisette de beurre, le tout sur feu doux, remuer de temps en temps.
Les grenadins : détailler les mignons en noisettes d'épaisseur d'environ 1 cm. A raison de 4 par personnes. Mettre sur feu vif une sauteuse en cuivre avec la graisse d'oie. Quand celle-ci est bien chaude, saisir vivement sur les deux faces. Ils doivent être bien dorés.
Les réserver, jeter la graisse (ou l'huile à défaut), mettre dans la sauteuse le brie de Meaux préalablement épluché de sa peau. Le laisser fondre sans brûler en remuant avec une spatule en bois. Déglacer avec le Rancio et laisser réduire d'un tiers et incorporer la crème fraîche. Laisser réduire à feu doux de moitié.
Quand la sauce s'épaissit, remettre les mignons dedans avec les champignons égouttés. Monter la sauce au beurre et assaisonner.
Dresser les mignons sur le plat de service, les napper avec une partie de la sauce et mettre le reste dans une saucière.
Saupoudrer avec le persil et servir.
Légumes d'accompagnement : pommes vapeur, riz pilaf, julienne de légumes, épinards, beaucoup peuvent aller mais je conseille : un plat de pommes en l'air : prendre deux ou trois belles golden, les éplucher et les couper en quartier. Les faire sauter au beurre, bien dorées, les parsemer d'une cuillère à soupe de sucre cristal. Laisser légèrement caraméliser et servir.
Le truc : bien saisir les mignons et à l'assaisonnement, éviter de mettre du sel, le fromage en contient suffisamment.
VIn d'accompagnement : un Cahors ou un Madiran.

Filet de porc au Rancio

Le Rancio est une spécialité de la région de Banyuls, Maury... c'est un vin muté plus léger que le Porto auquel il est souvent comparé, sauf qu'il est bien français ;

Personnellement il y a longtemps que ma religion est faite et que j'utilise le Rancio en cuisine et en... apéritif. J'y trouve des arômes plus agréables et plus francs. A la cuisson c'est pareil. Alors pourquoi aller chercher bien loin ce qui est à portée de notre main et de notre... palais ?

Pour 4 personnes

8 tranches de filet de porc de 2,5 cm
1 dl de Rancio
3 dl de crème
50 gr de beurre
100 gr d'échalotes
Sel et poivre

Passer les médaillons dans la farine. Assaisonner.
Mettre 20 gr de beurre dans une poêle ; lorsqu'il mousse y mettre les médaillons.
Lorsqu'ils sont bien dorés, les retourner, quand ils sont cuits et colorés des deux côtés, les retirer.
Les conserver au chaud sur un plat de service.
Jeter la graisse de la poêle et conserver les sucs de viande qui ont attachés au fond de la poêle.
Ajouter l'échalote finement ciselée.
Verser du Rancio. Porter à ébullition en remuant avec une spatule de façon à détacher les sucs.
Laisser réduire. Ajouter la crème.
Faire bouillir trois minutes à feu vif.
Passer la sauce au tamis. Vérifier l'assaisonnement.
Verser sur les médaillons qui ont été conservés au chaud et servir avec un paillasson de pommes de terre.

Filets de rascasses au beurre vigneronne

La rascasse mérite mieux que la seule bouillabaisse. Ce poisson de roches a une chair plus noble qu'on ne le croit. Une fois levés, les filets constituent un morceau de choix à la chair savoureuse. Avec ce beurre vigneronne c'est un délice inégalable. Surtout avec un Givry jeune et ardent.

Pour 4 personnes

2 rascasses de 900 g levées en filet
250 gr de beurre
5 échalotes hachées
1/4 litre de Givry
1 jus de citron
1 filet d'anchois
Sel, poivre en grains moulu

Cuire les échalotes hachées dans le vin rouge. Réduire à sec. Laisser refroidir. Incorporer dans le beurre de consistance pommade obtenu avec l'anchois pilé à la fourchette, le jus de citron. Saler et poivrer.
Disposer dans un plat à gratin les 4 filets de rascasse assaisonnés. Les recouvrir de la moitié du beurre vigneronne et cuire 5 mn à four très chaud (Th. 8)
Servir avec des nouilles fraîches en accompagnement et le restant de beurre vigneronne.

Filets de sole au cidre

La sole, joli poisson plat des plages sableuses est délicieux mais ses peaux (grise et rugueuse d'un côté blanche et résistante de l'autre) rebutent souvent la ménagère(avec son prix).

Voici une recette de filets (que votre poisonnier vous lève gentiment) absolument délicieuse.

Toujours avec du cidre.

Décidément que ne ferait-on pas au cidre ?...

Pour 4 personnes

4 filets de sole
1/2 bouteille de cidre doux
1 kg de moules, 2 douzaines d'huîtres
150 gr de champignons
2 jaunes d'œufs
100 gr de beurre
40 gr de farine
2 cuillers à soupe de crème épalsse
1 cuiller à café de Calvados
12 croûtons frits au beurre
Sel, poivre
1 citron.

Trier, gratter, laver les moules, les faire ouvrir à feu vif, les égoutter. Retirer les coquilles, passer le jus de ces moules et le réserver. Retirer les huîtres de leur coquille. Préparer un roux blanc avec 50 gr de beurre et la farine, le délayer avec le cidre et le jus des moules, laisser cuire 7 à 8 mn en remuant.

Nettoyer les champignons, les laver, les émincer et les faire revenir dans un peu de beurre.

Placer les filets de soles dans un plat mi-creux, les napper de sauce, les faire cuire au four puis les égoutter, les dresser sur le plat de service, les tenir au chaud.

Verser la sauce dans une casserole, ajouter les champignons, les moules, les huîtres. Délayer les jaunes d'œufs avec la crème, le Calvados et un peu de sauce chaude, verser dans le reste de sauce, lier à feu très doux sans cesser de remuer et en évitant avec soin l'ébullition, puis la passer.

Napper les filets de soles et mettre les éléments de la sauce, champignons, huîtres, moules autour des filets, décorer avec les croutons et des rondelles de citron.

Filets de soles jardinière au cidre brut

A nouveau une recette de files de sole au cidre. Elle ressemble un peu à la précédente sauf qu'ici les légumes en jardinière donnent aux filets une tonalité différente.

A déguster avec autant sinon plus de bonheur.

Pour 4 personnes

4 filets de soles
150 gr de crevettes
1/2 l de cidre brut
1 oignon, 1 échalote
1 bouquet qarni
Sel, poivre moulu
50 gr de beurre
200 gr de carottes
200 gr de haricots verts
150 gr de champignons de Paris frais
2 dl de crème fraîche liquide

Emincer l'oignon et l'échalote.
Dans une cocotte, faire étuver à feu doux les parures de poisson (têtes et arêtes des soles) dans 30 gr de beurre pendant 5 mn.
Ajouter l'oignon, l'échalote et le bouquet garni.
Verser le cidre. Saler et poivrer.
Laisser bouillir doucement pendant 20 mn.
Filtrer le bouillon et le garder pour faire cuir les légumes et pocher les filets de poisson.
Peler et découper les carottes (en batonnets ou en rondelles), nettoyer les champignons, les émincer et les faire étuver dans le beurre restant pendant 15 mn Pendant ce temps faire cuire les haricots verts et les carottes dans le bouillon pendant 20 mn à partir de l'ébullition.
Garder les légumes cuits en attente sur un plat pour un bain-marie.
Faire pocher les filets de sole dans le bouillon maintenu frémissant, compter 8 mn de pochage.
Les égoutter, les poser sur le plat de service avec les légumes, plonger les crevettes 2 mn dans le bouillon pour les réchauffer et les mettre sur le plat.
Garder au chaud sur le bain marie.
Filtrer à nouveau le jus et le faire bouillir à feu très vif pour le faire réduire. En garder environ 1 dl.
Ajouter la crème fraîche et faire bouillir à feu très vif jusqu'à ce que la sauce soit onctueuse.
Vérifier l'assaisonnement.
Verser sur le plat et décorer de fines herbes. Servir aussitôt.

Coup de fourchette

Une nouvelle mode m'exaspère autant qu'elle me désole.

C'est celle de servir en légumes d'accompagnement de tout et n'importe quoi, singulièrement des pommes de terre cuites à l'eau coupés en rondelles, nappées d'un peu de crème fraîche, parsemées de persil ou de ciboulette et salées au gros sel blanc. Même pas de Guérande.

C'est immangeable et parfaitement désagréable.

J'ai eu droit à cette «fantaisie» avec des filets de poissons à l'oseille parmi lesquels du... haddock. Faut oser.

"La cuisine, écrivait Curnonsky, c'est quand les choses ont le goût de ce qu'elles sont ".

Cette surabondance de goûts et de sel c'est à mon avis et à celui de mes compagnon de table... horrible.

Coluche serait encore là, il demanderait avec son air innocent : " Et ça ce vend ce truc là ? "

Hélas oui... et encore assez cher.

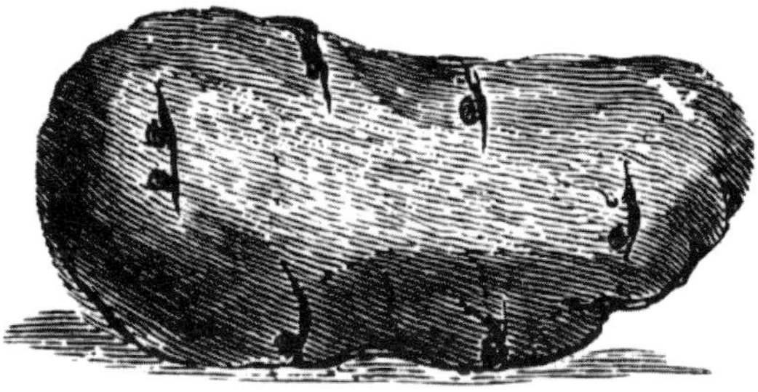

Filets de rougets à la moëlle

Ah ! ces petits barbets à la moëlle. Que voilà un délice peu onéreux. Un rouge Grand Ordinaire de Bourgogne trouve là à s'exprimer avec noblesse. N'allez pas croire que le Grand Ordinaire est un vin de basse qualité. C'est un excellent vin produit en Bourgogne en... surproduction de grands crus.

Pour 4 personnes

4 rougets de 300 gr
100 gr de beurre
Farine
1 bouteille de Bourgogne rouge
4 échalotes
1 bel os à moëlle
Sel, poivre

Ecailler, vider, laver les rougets.
Lever les filets.
Les rouler dans la farine.
Dans une poêle, mettte un peu de beurre à fondre.
Faire blondir les filets à feu doux.
Enlever les filets les mettre à réserver au chaud.
Dans le beurre de cuisson faire tomber les échalotes émincées.
Ensuite verser dessus la valeur d'une demie bouteille de vin rouge.
Lier avec quelques noisettes de beurre.
Saler et poivrer.
Pendant ce temps dans un peu d'eau salée on a fait cuire l'os à moëlle.
Dans un plat chaud passer la sauce au chinois.
Disposer ça et là les filets de rougets.
Sur chacun disposer une rondelle de moëlle.
Hâcher sur le tout un peu de persil.
Servir avec pommes tournées cuites à la vapeur.
Comme vin ? le reste de la bouteille de Bourgogne et... une autre s'il n'y en a pas assez.

Filets de Saint-Pierre au Vacqueyras

Le Saint-Pierre est un poisson fragile mais superbement savoureux. Le Vacqueyras est un vin tanique et charpenté mais d'une finesse insoupçonnée. Le mariage des deux donne des idées de soleil, de vacances et de bonheurs indicibles.

Essayez, vous verrez !

Pour 4 personnes

2 Saint-Pierre de 1 kilo chacun
6 blancs de poireaux
400 gr de champignons de Paris
1 bouquet de persil
3 échalotes
1 branche de céleri
1/2 bouteille de Vacqueyras
150 gr de beurre
2 cuillers à soupe de crème fraîche
Sel, poivre

Faire lever par le poissonnier les filets de Saint-Pierre. Mettre dans une casserole les arêtes et les têtes avec le Vacqueyras, les échalotes, la branche de céleri et la moitié du persil, sel, poivre et faire cuire 30 mn à petit feu.
Filtrer ce fumet et laisser réduire encore 20 mn à petit feu.
Dans une sauteuse, cuire les poireaux dans la moitié du beurre à feu doux à l'étouffée.
Saler, poivrer.
Poser par dessus les filets de Saint-Pierre.
Couvrir et cuire 5 mn à feu doux. Au moment de servir, ajouter la crème fraîche au fumet. Faire épaissir au fouet à feu vif.
Servir les filets sur leur lit de poireaux, accompagnés des champignons coupés en lamelles et revenus à part dans le restant de beurre. Napper de la sauce bien chaude et saupoudrer le tout de persil hâché.

Filets de saumon au Bouzy

Pourquoi faut-il que les très bons chefs quittent un jour le métier ? Allez savoir.

Toujours est-il qu'àprès avoir succédé à son père Gaston, Michel Bacoury a quitté le relais Saint-Etienne à Meaux pour d'autres horizons.

Il avait pourtant de l'or au bout de la cuiller ce jeune chef formé par son père (l'un des grands de Seine et Marne entre 1935 et 1975).

Il m'a offert avant son départ cette recette de filets de sandre au Bouzy, à faire des kilomètres pour s'en régaler.

Pour 4 personnes

2 sandres de 7 à 800 gr
5 cl de vin blanc de champagne
15 cl de Bouzy rouge
1 citron
1 morceau de sucre
Vinaigre d'alcool
30 gr de beurre
15 gr de farine
Sel, poivre

Lever les filets de deux sandres de Marne de 700 à 800 gr
Les placer sur un plat beurré préalablement.
Sel, poivre
Arroser du jus d'un citron et d'une cuillère à soupe de vin blanc sec et d'une noisette de beurre.
Couvrir d'un papier sulfurisé.
Mettre à four moyen (th.4-5) 10-15 mn

La sauce :
Dans une sauteuse, faire une gastrique (1 sucre plus 3 cuillers à soupe de vinaigre d'alcool).
Déglacer avec un grand verre de Bouzy rouge.
Laisser réduire d'un tiers.
Lier la sauce avec un beurre manié (1 noisette de beurre et autant de farine malaxés)
Normalement la sauce ne nécessite ni sel, ni poivre, elle doit être légèrement acidulée.
Dresser sur le plat de service, et napper.
Légume d'accompagnement : Une poire cuite au vin, coupée en quartiers dans la longueur et très légèrement revenus au beurre. c'est délicieux.

Le truc : Bien surveiller la cuisson du sandre qui possède une chair fragile.

Vin d'accompagnement : un Bouzy rouge

Filets de sandre en papillottes au Vouvray

Le Vouvray n'est pas, contrairement à ce que d'aucuns affirment un "ersatz de champagne"

Bien des Vouvray mériteraient de rivaliser avec des champagnes moyens...

J'ai souvenir d'un vouvray 47 sur un foie gras tourrangeau. Ce fut un grand moment !

Avec le`poisson de rivière le vouvray trouve aussi ses lettres de noblesse.

La preuve :

Pour 4 personnes :

4 filets de sandre
2 grosses endives
1 citron
200 gr de beurre
2 cuillers à soupe de crème fraîche
1 bouteille de Vouvray sec
4 feuilles de papier d 'aluminium en forme de cœur

Faire cuire une julienne d'endives avec un jus de citron, 50 gr de beurre, 1 cuiller à café de sucre en poudre, laisser refroidir.
Beurrer les feuilles de papier d'aluminium, disposer, ensuite sur un côté de la feuille un filet de sandre et une cuiller de julienne d'endives, saler et poivrer.
Fermer hermétiquement les papillottes que l'on disposera dans un plat allant au four, mouiller de 50 cl de Vouvray sec.
Four préchauffé, 10 mn de cuisson, thermostat 8.
Pendant ce temps, faire réduire le reste de la bouteille de Vouvray et la crème fraîche jusqu'à consistance crémeuse, incorporer le beurre par petits morceaux hors du feu, servir la sauce à part.
Vin conseillé : Un Vouvray sec de bonne garde.

Filets de saumon au Pouilly fumé

Certes on ne pêche pas de saumon dans toutes nos rivières et c'est bien dommage. Les seuls salmonidés que l'on trouve proviennent d'élevages sélectionnés et sérieux comme celui du Lunain, qui est en Seine-et-Marne.

Pour autant devrait-on se priver de déguster avec plaisir cette chair magnifique ?

Quand l'animal a été élevé dans de bonnes conditions de développement et une eau convenant à son métabolisme naturel,certes pas.

Aussi pour changer un peu de la sempiternelle darne grillée ou poêlée voire pochée, accompagnée d'une sauce machin ou truc voici une recette de filet de saumon au Pouilly Fumé dont vous me direz des nouvelles (après vous en être régalés).

Elle est simple à réaliser et impossible à rater. A moins de le faire exprès.

Elle peut constituer une entrée princière d'un repas de fête ou le plat principal. Au choix.

Pour 4 personnes

4 tranches de filet de 200 gr chaque
1 bouteille de Pouilly Fumé
3 carottes moyennes
2 échalotes
1 oignon
1 branche de céleri
125 gr de champignons blancs de couche
100 gr de beurre
1 cuiller d'huile d'olive

20 dl de crème florette liquide
Sel, poivre, persil

Effiler la branche de céleri. Peler les échalotes et l'oignon.
Couper les queues des champignons.
Laver les têtes. Peler les carottes.
Hacher finement le tout (au robot si vous ne savez pas le faire au couteau).
Dans une casserole, mettre 50 gr de beurre et 1 cuiller d'huile d'olive à chauffer. Y mettre ce hachis à blondir.
Quand les légumes ont bien blondi, les enlever et les étaler au fond d'un plat à gratin. Poser dessus les filets de saumon.
Important : la peau du filet doit être tournée vers le haut.
Saler légèrement. Poivrer.
Mouiller avec le Pouilly Fumé. (Toute la bouteille si nécessaire. Le niveau doit affleûrer le dessus des filets disposés côte à côte et non superposés).
Mettre à four chaud (th. 7). Quand le vin entre en ébullition, éteindre le four. Laisser encore pendant 3 à 4 minutes (pas plus)
Sortir le plat et à ce moment, ôter délicatement la peau qui doit se décoller toute seule.
Placer les filets avec précaution sur un plat chaud et couvrir d'une feuille de papier alu ou d'un autre plat retourné. Réserver au chaud (50-60°).
Mettre le plat à gratin sur la flamme et porter à ébullition.
Réduire le jus de moitié. Ajouter 50 gr de beurre au fouet.
Puis 20 cl de crème florette. Faire encore réduire un peu.
Rectifier l'assaisonnement et en napper les filets avant de servir.
Parsemer sur le plat un peu de persil haché menu.
Accompagner d'un Pouilly Fumé frais (8-10)
Si ce mets doit constituer le plat de résistance, servir avec une purée de céleri ou tout simplement une purée de pommes de terre.

Filets de sole en matelote à la normande

Le poisson c'est excellent pour la santé et de plus pour les gens au régime, il ne faut jamais oublier que le plus gras des poissons est plus maigre que la plus maigre des viandes. A valeur protéïnique égale.

En outre le poisson contient du phosphore qui est bon pour l'intellect et la mémoire.

Enfin c'est délicieux au goût.

Voici une recette que m'a fait parvenir la profession des marins-pêcheurs et distributeurs de marées.

Une recette de sole normande de printemps car c'est au printemps que la sole revient en force sur les étals de nos poissonniers.

Le printemps c'est la saison de la sole et aussi celle du... Muscadet.

Alors faisons-nous un petit plaisir de gourmets.

Pour 4 personnes

8 filets de soles
2 gros oignons finement émincés
30 gr de beurre
25 cl de petites moules grattées
20 cl de cidre bouché sec
Sel et poivre
Beurre de persil obtenu en écrasant 30 gr de beurre avec 2 cueillerées à soupe de persil haché.

Faire étuver très doucement l'oignon dans le beurre. Pendant ce temps, faire cuire les moules dans une casserole avec le cidre, à feu vif, et les retirer dès qu'elles s'ouvrent.

Émincer l'oignon et en tapisser un plat à four allongé et peu profond.

Poser les filets de sole dessus.

Passer à la mousseline une quantité suffisante de jus de cuisson des moules pour couvrir le poisson.

Couvrir et faire cuire 15 minutes au four préchauffé à 180° (4 au thermostat).

Sortir le plat du four, disposer les moules décoquillées autour des filets et parsemer de beurre de persil.

Remettre 5 minutes au four pour réchauffer les moules. Servir dans le plat de cuisson.

Filet de sole océane au muscadet

Poisson osseux (genre soléa) de forme aplatie et oblongue, la sole est depuis fort longtemps une espèce à la chair très estimée.

Les Grecs l'appelaient "langue de bœuf" et les Romains la baptisèrent "soléa" qui désigne la plante du pied.

Le corps de la sole est presque entièrement entouré de nageoires. On la distingue par son museau arrondi et une tache noire à l'extrémité de la nageoire pectorale. Sa peau est couverte de petites écailles dures et adhérentes.

La couleur de sa face supérieure varie du gris au brun avec des taches sombres ; la face inférieure est blanche.

La taille minimale autorisée pour la sole commune est de 24 cm. Elle mesure généralement entre 24 et 35 cm. Sa taille maximale peut atteinde 70 cm.

Au 21e jour de sa vie, alors qu'elle passe de l'état adulte, la sole subit une métamorphose commune à de nombreux poissons plats : elle se couche sur le côté gauche et l'œil qui se trouvait de ce côté là, accompli une migration pour venir se placer près de l'œil droit.

De mœurs nocturnes, la sole reste enfouie dans le sable pendant le jour.

Elle fréquente les fonds sablo-vaseux et on la rencontre rarement au-delà de 150 mètres de profondeur où elle hiverne.

On la trouve dans les estuaires et les ports jusqu'à la limite des eaux douces.

Elle effectue des migrations saisonnières vers les côtes au début du printemps.

La période de reproduction varie avec la latitude : février / mars dans le golfe de Gascogne juin sur les côtes du Jutland.

Adulte, elle vient au printemps vers la côte entre 3 et 4 mètres de profondeur et une cinquantaine de mètres. Selon les régions, elle n'entre dans les eaux côtières que lorsque leur température dépasse 5 à 9°c. L'hiver, elle retourne en eaux plus profondes.

Pour 4 personnes

12 filets de sole
150 gr de crevettes cuites
1 litre de moules
2 échalotes
1 verre de muscadet
1 bouquet garni
25 cl de crème fleurette
1 petite dosette de safran
3 cuillers à soupe de beurre
Sel, poivre

Faire lever les filets de sole par le poissonnier.
Nettoyer les moules.
Les laver dans plusieurs eaux. Les mettre dans une casserole avec le vin blanc, le bouquet garni. Poivrer. mettre à feu vif.
Lorsqu'elles sont ouvertes, les retirer du feu, les décoquiller.
Reserver le jus.
Décortiquer les crevettes. Laisser en attente.
Eplucher les échalotes. Les hacher. Les faire revenir tout doucement dans le beurre chaud.
Ajouter les filets de sole.
Les retirer dès qu'ils sont cuits. Les mettre dans un plat de service en prenant soin de ne pas les briser. Tenir le plat au chaud.
Dans le beurre aux échalotes, ajouter le jus de cuisson des moules.
Laisser chauffer quelques minutes pour qu'il réduise légèrement.
Ajouter alors la crème fleurette, le safran, les moules et les crevettes.
Mélanger vivement. Amener à ébullition, laisser cuire 2 à 3 minutes et retirer du feu. Napper les filets de cette sauce.
Servir aussitôt avec un riz brun.

Les filets de sole au St-Nicolas de Bourgueil

Avec le printemps, les vins légers conviennent parfaitement sur nos tables, dans nos verres et dans nos... mets.

Décrié par certains, loué à l'extrême par d'autres, le Saint-Nicolas-de-Bourgueil est un excellent vin de Loire qui convient très bien avec les grillades, les viandes blanches et les poissons.

J'ai eu l'occasion d'en faire le test en réalisant une recette de filets de soles au Saint-Nicolas de Bourgueil, sans prétention.

Certes, point n'est besoin de sortir de l'école hôtelière pour réaliser ce plat qui n'entend pas concurrencer ceux de nos grands chefs. Mais il suffira à ravir votre famille et vos amis tout en les étonnant.

Essayez-la. Vous m'en direz ce que vous en pensez à l'occasion.

Pour 4 personnes

2 belles soles de 7 à 800 gr
1 bouteille de St-Nicolas-de Bourgeuil
2 oignons
4 échalotes grises
1 bouquet garni
1 cuiller de farine
Persil et ciboulette
Sel et poivre
Poivre en grain (16)

200 gr de champignons
50 gr de beurre

Lever les filets des soles.
Garder les têtes et arêtes.
Dans une cocotte, mettre ensernble les arêtes, les échalotes pelées, le bouquet garni, les grains de poivre et les 3/4 de la bouteille de Saint-Nicolas-de-Bourgeuil. Faire bouillotter pendant une heure à feu moyen.

Dans un plat long genre sautoir, mettre les filets à plat.
Poser dessus une noisette de beurre (10 gr).
Verser dessus le fumet passé et mettre sur le feu à frémir doucement.
Quand le jus est à frémissement, oter les filets délicatement et les mettre sur un plat à réserver au chaud (four th. 5/6).
Laisser réduire le fumet à feu vif. Y incorporer au fouet une cuiller de farine et ajouter 1/4 de bouteille de Saint-Nicolas-de-Bourgueil.
Saler, poivrer.
Incorporer au fouet 40 gr de beurre.
Napper les filets avec cette sauce.
Entourer les filets des croûtons frits à l'huile, des oignons glacés et des champignons étuvés au beurre.
Parsemer de persil haché et de ciboulette.
Servir avec un Saint-Nicolas-de-Bourgeuil à température de 10 à 12°.

Filets de Turbot à l'Arbois et aux petits légumes

L'Arbois blanc a un petit fumet qui n'a pas son pareil pour célébrer un mariage heureux avec cette chair sublime du turbot rapidement pêché.

Cette recette inspirée lors d'un voyage aux Monts d'Arbois m'a valu quelques compliments.

Encore une façon de surprendre vos invités.

Pour 6 personnes

2 turbots moyens (1 kg 500 environ) levés en filets
1 litre de crème fraîche
2 carottes, 2 poireaux, 1 branche de céleri
1/4 de litre d'Arbois blanc
1 bouquet garni
2 arêtes de turbot
500 gr de fenouil
500 gr de haricots verts
100 gr d'échalotes hachées
50 gr de beurre, sel, poivre

Dans une casserole, mélanger vin blanc, carottes, poireaux, celui-ci coupé en julienne, le bouquet garni. Ajouter les arêtes de turbot. Recouvrir d'eau. Laisser frémir 10 minutes. Passer au chinois.
Dans une casserole, faire réduire à sec ce fumet avec les échalotes hachées 20 minutes environ.
Ajouter la crème fraîche et laisser réduire d'1/3.
Saler, poivrer et réserver.
Faire cuire à l'eau séparément fenouils, haricots verts. Les égoutter.
Les disposer dans un plat à gratin, recouvrir des filets de poisson à cru et napper de la sauce.
Mettre à four très chaud (th 7/8) 1/4 d'heure environ. Servir aussitôt.

Le foie gras frais de canard aux échalotes et au Graves blanc

Une autre manière de servir le foie gras chaud.

Elle est idéale pour ceux et celles qui n'apprécient pas le foie gras à peine cuit. Là ils se régalent d'un foie cuit à point mais encore moelleux et délicatement parfumé. C'est affaire de goût.

Le Graves blanc sec convient très bien à cette préparation et en accompagnement du plat dans la sauce.

A condition qu'il soit frais (7-8°)

1 foie gras de canard
2 poignées d'échalotes grises
2 cuillers à soupe de graisse de canard
2 cuillers à soupe de farine
1/2 litre de Graves blanc
1/2 litre de bouillon

La veille saler et poivrer le foie frais (12 gr au kg)
Eplucher et hacher finement les échalotes, les dorer dans la graisse, ajouter la farine, lier et verser le vin. Mettre à feu doux 1/2 heure.
Rajouter le bouillon, saler, poivrer, laisser frémir une autre 1/2 heure.
Pendant ce temps faire fondre le foie avec un peu de graisse dans une cocotte en fonte ovale. Vérifier la cuisson du foie en le perçant avec une aiguille à coudre. Le sang ne doit plus couler. Verser la sauce sur le foie et laisser cuire 10 minutes.
Escaloper le foie. Napper de la sauce.
Servir sur des assiettes chaudes.

Le foie gras frais de canard en terrine

Faire sa terrine de foie soi-même. Et la réussir. Quelle joie !

Et quel plaisir d'en régaler ses amis.

C'est divinement simple.

Où se procurer un foie frais ? chez votre volailler ou chez un ami restaurateur qui vous le ramenera de Rungis ou vous le fera livrer par son fournisseur.

Pour le reste ? Suivez la recette.

1 beau foie de canard un peu jaune 400 gr
sel (12 gr au kilo)
4 épices (2 pincées)
35 cl de Sauterne

Faire dégorger le foie dans du lait s'il y a trop de sang.

Séparer les deux lobes, les dénerver sans les abîmer et racler la membrane de surface.

Etaler les morceaux dans un bac, assaisonner avec les ingrédients, le retoumer et laisser macérer 6 heures.

Mouler le foie dans une terrine.

Mettre le four à 70° et laisser cuire 15 à 25 mn.

Le secret de la parfaite réussite de la cuisson consiste à plonger le doigt dans la terrine, celui-ci doit constater la chaleur et la souplesse du foie au cœur de celle-ci.
Mettre au réfrigérateur, conserver quelques jours.
Accompagné d'un Sauterne, par exemple, quelle fête...
Attention : une cuisson à four trop chaud donnera une pellicule de graisse trop importante et une texture du foie trop sèche.
Un foie acheté sous vide se ternira moins vite, vous aurez alors quelques jours pour le travailler.

Foie gras en salade de printemps

Le foie gras est toujours de saison : il magnifie des recettes toutes pleines des saveurs du printemps et s'associe aux tendres asperges, carottes nouvelles...

... Pour un dîner d'amoureux ou pour un repas entre amis gourmets. . .

Le foie gras est le complice idéal du « bien recevoir » qui apporte à la cuisine française cette note de perfection, symbole de la réputation de notre art culinaire.

... En conserve ou demi-conserve, ou même cru vivement poêlé...

Le foie gras donne le ton de la gourmandise ; suprême délice, il est aussi le fruit d'une tradition ancestrale pratiquée par des professionnels soucieux de la pérennité de leur savoir-faire et respectueux des consommateurs.

Pour 4 personnes

1 bouteille de Loupiac
200 gr de foie gras cru
24 pointes d'asperges vertes
12 petites pommes de terre "rates"
150 gr de fèves fraîches écossées
3 cuillers à soupe de vinaigre de miel
1 cuillers à soupe d'huile d'amande ou de noisette
2 cuillers à soupe d'huile neutre
12 brins de cerfeuil
Sel, poivre

Réserver le foie gras dans la partie la plus froide du réfrigérateur. Le couper en tranches de 1,5 cm d'épaisseur, puis en cubes. Mettre les cubes de foie gras dans une assiette plate.
Les poudrer de sel et de poivre sur chacune de leurs faces, mouiller avec 1 verre de Loupiac et les réserver au réfrigérateur.
Rincer les pommes de terre en les brossant. Les mettre dans une casserole. Les couvrir d'eau froide. Les saler et les laisser cuire à feu vif jusqu'à ce que la lame d'un couteau les transperce facilement, puis les égoutter.
Plonger les fèves dans de l'eau bouillante salée. Les laisser cuire 2 mn. Les égoutter. Les débarasser de la petite peau verte tendre qui les entoure. Plonger les pointes d'asperges dans de l'eau bouillante salée. Les laisser cuire 4 à 5 minutes ; elles doivent rester croquantes. Les égoutter.
Couper les pommes de terre en rondelles de 5 mm d'épaisseur.
Préparer la vinaigrette en émulsionnant dans un bol, à l'aide d'une fourchette : l'huile neutre, l'huile d'amande ou de noisette, le vinaigre, le sel et le poivre.
Faire réchauffer doucement les légumes dans un faitout à vapeur.
Faire chauffer une poêle antiadhésive sur un feu vif. Y jeter les cubes de foie gras. Les laisser cuire 1 mn en les tournant sans cesse avec une spatule.
Répartir les légumes dans des assiettes chaudes. Les napper de vinaigrette. Mélanger. Parsemer des cubes de foie gras. Décorer de cerfeuil et servir aussitôt.

Le foie de veau braisé au Pécharmant

Voici une recette qui pourrait paraître rustique mais qui en fait est très fine sur le plan gustatif.

Il s'agit d'un foie de veau (ou de génisse) braisé en cocotte au Pécharmant.

Le foie est un morceau assez fade qu'il convient de relever quelque peu, en y adjoignant des saveurs du terroir, telles que celles de la graisse d'oie, du lard fumé, du vin rouge corsé, du clou de girofle, du thym ou du laurier.

Cette recette, remontée du sud-ouest est très facile à réaliser et ne nécessite aucun talent particulier de maître-queux pour être succulente.

Tout juste un peu d'attention.

Pour 4 personnes

1 lobe entier de foie de veau de 1 kg (ou de genisse)
1 bouteille de Pécharmant (ou d'un rouge corsé)
120 gr de lard fumé
2 oignons
15 cl de bouillon
40 gr de graisse d'oie
20 gr de beurre
1 clou de girofle

1 bouquet garni
Sel, poivre

Détailler le lard en lardons. Peler et hacher les oignons.
Dans une cocotte mettre la graisse d'oie à chauffer.
Y mettre à dorer le foie sur toutes ses faces.
Quand le foie est doré l'ôter et le mettre à reserver au chaud.
Dans la cocotte mettre les lardons et le hachis d'oignons à dorer.
Quand tout est coloré remettre le foie. Mettre le bouquet garni, le clou de girofle et mouiller avec 20 cl de Pecharmant.
Saler très légèrement. Poivrer.
Couvrir et laisser à feu doux pendant 3/4 d'heure.
Vérifier au bout de 3/4 d'heure si le foie est cuit en le perçant avec une aiguille à tricoter.
Si le jus qui sort est blanchâtre le foie est cuit.
Oter alors le foie et augmenter la flamme. Mettre les 20 gr de beurre et fouetter. vivement. Rectifier l'assaisonnement.
Détailler le foie en tranches et napper celles-ci de la sauce.
Accompagner d'une purée mousseline de pommes de terre.
Servir avec un Pecharmant à 15° de température.
C'est simple et délicieusement parfumé.

Le foie de veau au Chablis

Le foie de veau a ses inconditionnels. Ses détracteurs lui reprochent son manque de goût mais surtout son prix, excessif par rapport d'autres foies plus... communs.

Pour ma part, et selon le mode de cuisson, je préfère le foie de génisse. Mais j'ai souvenir d'un foie de veau en crépine, préparé et servi par l'ami Girard quand il œuvrait à Montreuil-aux-Lions, puis dans son délicieux Châtelet gourmand, après son retour en la capitale.

Il vous préparait et cuisait cela avec un art inimitable et surtout inégalable.

Point question ici de le singer, imite-t-on un grand chef ? Mais de se régaler d'un foie de veau en crépine au Petit Chablis, dont vous me direz des nouvelles.

En voici la recette :

Pour 4 personnes

1 bouteille de Petit Chablis
20 cl de Madère
1,2 kg de foie de veau
1 crépine de porc
500 gr de petits oignons blancs
1 bouquet garni
100 gr de beurre
Huile d'olive
Sel, poivre

Bien envelopper le foie dans la crépine. Dans une sauteuse, mettre 100 gr de beurre et 1 cuiller d 'huile d 'olive. Y mettre à dorer le foie sur toutes ses faces.

Peler les oignons et les mettre avec le foie.

Mouiller avec une demi-bouteille de Petit Chablis. Saler. Poivrer.

Ajouter le bouquet garni.

Couvrir et laisser à cuire à feu moyen pendant 30 à 35 minutes.

De temps en temps, vérifier qu'il reste du jus sinon, compléter avec un peu d'eau chaude.

A ce terme, ôter le foie. Le débarrasser de la crépine. Réserver le foie au chaud.

Déglacer le jus de cuisson avec le Madère.

Passer cette sauce. La mettre à réserver au chaud.

Trancher le foie et le servir nappé de la sauce, entouré des petits oignons.

Accompagner de pommes dauphines.

Servir avec un Petit Chablis frais (8 à 10°) ou alors avec une Côte rôtie.

Le fondant d'automne et sa sauce vanillée

Pour une fois, je vais déroger et vous offrir une recette que je n'ai point (encore) réalisée. Elle est l'œuvre d'une adorable fillette du nom de Candice, Nandin (déjà une sucrerie dans le prénom) qui a gagné haut la main le concours du jeune pâtissier organisé par mon ami Pascal Legrain, chef du Cellier du Manoir à Gressy dans le cadre de la semaine du goût.

Il s'agit d'un fondant (au chocolat) aux fruits d'automne avec sa sauce vanillée.

Certes, il n'entre ni vin, ni alcool dans la recette de ce jeune cordon bleu, mais rien n'empêchera les gourmands d'y glisser un filet de liqueur de chocolat de chez Cartron, par exemple.

Pour 4 personnes et plus

150 gr de chocolat
150 gr de beurre
120 gr de sucre
4 sachets de sucre uanillé
4 œufs
1 pincée de sel
4 cuillers à soupe de farine
4 cuillers à café de vanille
2 cuillers à soupe de lait
2 cuillers à café de noisettes concassées
2 cuillers à café de noix concassées
2 cuillers à café de châtaignes concassées

Pour la sauce :

2 jaunes d'œufs
114 de litre de lait
2 sachets de sucre vanillé
2 cuillers d'extrait de vanille
50 gr de sucre en poudre
1 cuiller à café de maïzena

Cuire au bain marie le chocolat avec l'extrait de vanille et le lait.
Hors du feu, ajouter le beurre par petits morceaux, les jaunes d'œufs un par un, le sucre en poudre et enfin la farine.
Puis les fruits d'automne concassés.
Travailler avec une spatule pour obtenir un mélange homogène.
Ajouter les blancs d'œufs battus en neige ferme, plus une pincée de sel.
Verser la préparation dans un moule beurré et fariné.
Installer le gâteau au four moyennement chaud, vérifier la cuisson en enfonçant la lame d'un couteau qui doit ressortir sèche, 45 minutes, thermostat à 5.
Mélanger les jaunes avec le sucre en poudre et le sucre vanillé.
Ajouter le lait avec l'extrait de vanille puis la cuillère de maïzena délayée dans un peu de lait, faire chauffer doucement jusqu'à obtenir une sauce fluide.
Servir sur 4 belles assiettes.
Verser la sauce autour.
C'est léger, délicieux et même savoureux.
Je puis en témoigner pour m'en être régalé en qualité de membre du jury.

Fondant de langues d'agneau

Voici un morceau peu courant dans les cuisines de nos ménagères modernes tout comme sur les cartes de nos restaurateurs.

Quel dommage. C'est si bon une langue d'agneau surtout si les ris sont avec.

Délicieux en ragout. Sublimes en fondant.

Essayez, et si vous n'aimez pas, envoyez moi le reste du plat.

Pour 4 personnes

4 langues d'agneau,
1 chou-fleur Prince de Bretagne,
2 grosses tomates
1/2 botte de cresson,
1 bouquet garni,
1 oignon,
1 petite carotte,
2 échalottes,
2 poivrons doux
1 œuf,
10 dl de crème double,
10 cl de Coteau du Layon sec
4 feuilles de gélatine
1 cuiller à soupe de curry
10 gr de coriandre, huile d'olive et d'arachide
Sel, poivre.

Faire blanchir les petits bouquets de chou-fleur trois minutes. Cuire à l'étuvée au curry. Tomber les échalottes hachées à l'huile d'olive et d'arachide, sel, poivre.
Ajouter les bouquets étuvés et rafraîchis, le vin blanc, les graines de coriandre.
Saler et poivrer.
Cuire le tout quelques minutes, le chou fleur doit rester croquant.
En fin de cuisson, ajouter une tombée de tomates fraîches concassées.
Porter à ébullition deux minutes et laisser refroidir.
Blanchir les langues, les éplucher et les cuire avec un bouquet garni.
Mouiller à mi-hauteur.
Séparer ensuite les gorges des langues et réduire de moitié.
Ajouter la crème double et redonner de la cuisson.
Faire la gelée avec les feuilles de gélatine.
Dans un moule à terrine, disposer une rangée de langues d'agneau dans le sens de la longueur, puis une couche de gelée, une couche de cresson préalablement blanchi à l'eau bouillante et hâché, une couche de gelée, une couche de gorges parées et recouvrir de gelée.
Mettre au réfrigérateur quatres heures minimum. Servir démoulé sur un plat de service entouré des bouquets de chou-fleur.
Accompagner ce plat d'une sauce-crème de poivrons doux.
Préparation de la sauce : faire une mayonnaise crémée à laquelle il faut rajouter le poivron doux passé au mixer.

La fondue au Bleu de Gex

Comme celui d'Auvergne, le Bleu de Gex n'en est pas moins un fromage gouteux et savoureux.

Voici une manière différente de la Savoyarde de faire une fondue montagnarde aux arômes plus prononcés.

Pour passer une bonne soirée amicale lorsque l'hiver est à la porte.

Pour 4 personnes

600 gr de Comté,
200 gr de Bleu de Gex
300 gr de pain de campagne
1 verre de riesling
5 dl de Kirsch,
1 gousse d'ail
Sel, poivre, muscade
1 petit bocal d'oignons au vinaigre
1 petit bocal de cornichons
12 petites pommes de terre cuites à l'eau

Raper le Comté. Emincer le Bleu. Ailler un poêlon en fonte émaillée.
Verser le vin et le Kirsh.
Saler poivrer et muscader.
Sur un réchaud ajouter et faire fondre dans le poêlon le fromage à feu très doux. Laisser cuire cinq minutes. Couper le pain en croûtons.
Lorsque la fondue est prête. porter le poêlon à table et le poser sur un réchaud à alcool. Chacun se servira suivant la méthode classique en plongeant pain ou pomme de terre dans le poêlon.
Il est possible de déguster la fondue en l'accompagnant de cornichons et petit oignons.

La fondue de poireaux à la bière

Se voir décerner une « Queue de poêle « authentique par l'association du même nom regroupant en son sein, artistes, peintres, poètes et journalistes attachés à la Butte Montmartre n'est pas à la portée du premier venu. C'est pourtant la récompense suprême qui est échu à l'un de mes confrères et amis : Jacky Beaurain, qui a su, en vrai ch'timi préparer et servir à ces doctes épicuriens un plat de son pays (les moules-frites) d'une rare qualité.

Des moules de bouchot juste ouvertes au fumet d'échalotes, vin blanc et... fenouil et des frites croustillantes à souhait.

Un diplôme d'airain lui fut remis par le secrétaire général perpétuel Claude Pfeiffer sous les applaudissements des convives ravis, assemblés en l'excellent Épi Butte chez les amis Serge et Patricia.

Pour ma part, je m'étais contenté de réaliser un plat... ch'timi de mon invention dont je vous livre sans vergogne la recette.

Parce qu'elle a eu l'heur de plaire à ces puristes de la cuisine du terroir.

Pour 4 personnes

2 kg de poireaux
1 bouteille de bière Jeanlain
150 gr de lard de poitrine fumée
1 saucisse fumée
1 saucisse crue
Sel, poivre

Baies de genièvre
Un peu de fenouil frais
2 cuillers d'huile,

Eplucher les poireaux et ne conserver que le blanc.
Détailler celui-ci en bâtonnets de 4 cm.
Laver et éponger.
Couper le lard de poitrine en lardons.
Mettre à blondir dans une cocotte avec l'huile.
Quand les lardons sont dorés mettre à revenir la saucisse crue sur tous les côtés avec le fenouil émincé.
Mettre alors les blancs de poireau à fondre.
Saler, poivrer.
Faire un nid dans les poireaux quand ceux-ci sont retombés.
Y placer la saucisse fumée.
Recouvrir de poireaux.
Mouiller avec une 1/2 bouteille de Jeanlain.
Saler, poivrer.
Ajouter 10 baies de genièvre.
Couvrir et mettre à four moyen pendant 1 heure.
A ce terme, ôter le couvercle et laisser cuire encore pendant 1/2 heure.
Servir chaud en mettant au centre de l'assiette une rondelle de saucisse fumée, une rondelle de saucisse-fraîche entourées de poireaux fondus et de lardons. Arroser d'un peu de jus.
Accompagner avec de la bière Jeanlain fraîche (9-10°).
Délicieux et léger.

La fraise au coulis de fraise

Dès l'été revenu, les fraises abondent sur le marché mais aussi en pleine terre dans les fermes « Chapeau de paille «. Allez les cueillir vous-mêmes avec les salades qui sortent de terre, toutes craquantes et vertes à souhait.

La jolie fraise oblongue de la Loire et du Périgord embaume et met en joie. Profitons-en. Une recette de dessert tout fraises :

Pour 4 personnes

1 kg de fraises
150 gr de sucre
1/4 de vin de fraise.

Prendre 750 gr de fraises, les équeuter après lavage, les couper en 2 et les mettre dans un saladier.
Prendre 250 gr de fraises, les mettre dans un mixer avec le sucre et le vin de fraise.
Mixer le tout pour obtenir un coulis bien lisse.
Verser ce coulis sur les fraises et mettre à macérer pendant 2 heures au frais.
A consommer avec des petits palets bretons.
C'est un délice inégalable.

N.B. : Le vin de fraise s'obtient en mettant à fermenter des fraises dans une Dame Jeanne et en soutirant le jus après fermentation.
Mais on peut aussi tout simplement mettre à macérer 250 gr de fraises des bois ou du Périgord dans 1 litre de vin rouge pendant 21 jours au frais et au noir. On soutire ensuite et l'on met en bouteille pendant encore 21jours.

Les fraises au Pierrefeu

A la saison des fraises on ne sait plus à quelle sauce les déguster. Voici une recette relativement rapide et simple à réaliser pour un dessert fraîcheur. Elle rappellera les vacances ensoleillées provençales à certains et à tous que la fraise est probablement le fruit qui se marie le plus élégamment avec le vin.

Il s'agit tout simplement des fraises au Pierrefeu.

Pierrefeu est probablement le meilleur côtes de Provence qui soit. C'est en tous cas celui qui passe pour être le plus recherché des vrais amateurs de rosé. N'en déplaise à ceux qui considère que le rosé n'est pas un vrai vin.

Il y a de très nombreux amateurs de vins rosés et je considère pour ma part qu'il s'agit là d'excellents vins de soif ou de composition de desserts.

La preuve en est donnée avec cette recette.

Pour 4 personnes

1 bouteille de Pierrefeu
800 gr de fraises
150 gr de framboises
3 oranges sanguines
Mandarine impériale ou curaçao (selon goût)
120 gr de sucre en poudre
12 feuilles de menthe fraîche

Mettre à macérer les framboises avec 15 cl de Pierrefeu, une cuiller de curaçao ou de mandarine impériale, le sucre en poudre et le jus d'une orange.
Retourner délicatement. Couvrir. Mettre au réfrigérateur pendant 1 heure.
Laver et essuyer les 2 autres oranges. Les détailler en rondelles fines.
En tapisser 4 coupes à glace.
Laver les fraises (avec les queues). Les équeuter ensuite.
Les disposer en pyramide dans chaque coupe.
Entourer chaque pyramide de framboises.
Verser équitablement le jus sur chaque sommet de pyramide.
Décorer avec des feuilles de menthe fraîche.
Servir frais accompagné de rosé de Pierrefeu frais (8-10°).

La fricassée de rognons de mouton au Rancio

Voici une recette d'une simplicité angélique et délicieuse. Elle ne coûte pas cher et permet l'emploi d'abats de mouton dont, hélas, on ne fait pas grand cas dans la cuisine moderne.

Qui aujourd'hui se régale de ris et de langue de mouton aux haricots rouges ?

Qui s'offre le « luxe « de rognons de mouton poêlés ?

Quel gâchis !

Et pourtant, c'est si bon quand c'est consommé avec modération, mais après une préparation dont nos grand-mères avaient le secret dans leur campagne.

Régalez vous, et régalez vos amis, de cette fricassée de rognons de mouton au Rancio.

Pour ma part je le prépare au Rancio, plus par goût que par pur chauvinisme, mais on peut réussir en employant un Porto rouge.

Le Rancio a sur le Porto l'avantage d'être un peu plus léger et donc de ne point « écraser « les saveurs naturelles du rognon.

Pour 4 personnes

1 bouteille de Rancio
8 rognons de mouton
4 chipolatas
200 gr de champignons
4 pommes de terre cuites à la vapeur

80 gr de beurre
Persil
Sel, poivre

Couper les rognons en deux et en ôter les parties blanches graisseuses du centre.
Couper les queues des champignons et laver ceux-ci. Les couper en 4 s'ils sont trop gros.
Dans une casserole mettre 40 gr de beurre à fondre. Y mettre les champignons. Couvrir et laisser étuver.
Piquer les chipolatas et les faire frire doucement à sec dans une poêle.
Quand les chipolatas sont bien dorées, les ôter, et dans la graisse qu'elles ont rendue, mettre les rognons à cuire. Les faire dorer rapidement.
Les ôter et mettre à réserver avec les chipolatas au chaud.
Dans cette graisse faire sauter les pommes de terre coupées en rondelles.
Quand elles sont bien dorées les ôter et les mettre avec les rognons.
Déglacer le jus avec un verre de Rancio. Bien décoler les sucs avec une spatule.
Ajouter alors le jus restant de la cuisson des champignons. Faire réduire.
Puis ajouter le beurre hors la flamme et fouetter vivement pour bien l'incorporer.
Saler, poivrer.
Napper de cette sauce le plat sur lequel on aura disposé les rognons, les champignons, les chipolatas et les pommes de terre.
Parsemer de persil haché.
Accompagner d'un Bergerac, d'un Gaillac ou d'un Cahors, voire d'un Pécharmant rouge.

Fricassée de rognons de veau à la moutarde de Meaux

Cette recette m'a été offerte par Jacques Doussineau qui tint avec talent "l'Hôtel de la Sirène" à Meaux aujourd'hui transformé en appartements. Car devenu inaccessible du fait d'une voie piétonnière, à une clientèle soucieuse de confort, de calme et d'un certain luxe.

L'établissement était internationalement renommé et la cuisine de Jacques Doussineau attirait les plus fins gourmets.

Il m'a confié cette recette délicieusement simple à réaliser et à se régaler.

Pour 4 personnes

100 gr de rognons de veau
200 gr de champignons de Paris
3 cuillers de crème fraîche
2 cuillers de moutarde de Meaux
Fond de veau
4 échalotes
1/2 dl de Cognac
Cerfeuil, beurre, huile

Dégraisser les rognons les couper en petits dés.
Dans un sautoir faire revenir les morceaux de rognons, jusqu'à la goutte de sang, avec les champignons émincés, ensuite les flamber au Cognac.
Mettre les échalotes hachées, le fond de veau, la valeur d'une cuillère à soupe, et la crème fraîche.
Laisser réduire la sauce et débarrasser les rognons dans un plat.
Finir la sauce en y mettant deux cuillères à soupe de moutarde de Meaux et en la montant au beurre. Napper les rognons.
Parsemer de quelques feuilles de cerfeuil.

Des grillades... pas du charbon

Je ne peux plus supporter les morceaux de charbon que l'on me sert sous l'appellation de grillades. Au prétexte qu'une viande ou un poisson doit être "marqué au fer" pour avoir l'air de ce qu'ils sont !...

Je sais que la mode n'est plus aux viandes et poissons poêlés à la graisse. C'est parfois dommage mais régimes obligent. Et puis, c'est toujours autant de beurre et d'huile voire de graisse d'oie d'économisé.

Mais je voudrais mettre en garde contre la détestable habitude de calciner les chairs à l'endroit du "fer".

Ça n'est pas bon au goût et c'est mauvais pour la santé !

Manger du charbon !!

Tout comme certains grilladins qui font monter la flamme jusqu'aux chairs à dorer. C'est trop et trop affreux !

Une grillade (et c'est valable pour les amateurs de barbecue) demande du temps, une température constante et une certaine distance entre la chair et la braise (pas la flamme). Ceci implique que les plaques à marquer ou à griller ne doivent jamais être portées au rouge, 190 à 200° pas plus. Jamais.

Quand aux fameuses herbes de Provence (sèches la plupart du temps) dont on entoure les viandes et poisson. Pouah ! Quelle horreur !

Ces herbes doivent d'abord être réhydratées puis mises sur la braise (pas sur les chairs à cuire). Alors vous trouverez les belles senteurs qui enveloppent votre grillade comme un nuage d'arômes.

Ces herbes vous pourrez en brûler tant que vous le voudrez. Votre viande n'en prendra que ce qu'elle en a besoin.

Régalez-vous mais n'allez pas altérer votre santé en ingurgitant des herbes calcinées sur une viande charbonnée.

CHARBONS

La galette pérougienne au Seyssel

A l'occasion d'un séjour dans cette délicieuse, étonnante et superbe cité médiévale qu'est Pérouges, sauvée de la démolition en 1912 par Edouard-Herriot et quelques amis passionnés dont son collègue Anthelme Thibault, professeur de chimie à la Martinière, j'ai découvert à l'Ostellerie du Vieux Pérouges chez le petit-fils du professeur, Georges Anthelme Thibault, outre des plats locaux succulents, une délicieuse galette dont sa grand'mère lui a légué la recette.

Accompagnée d'un Seyssel, vin blanc moelleux du proche Bugey, c'est un délice de dessert absolument enchanteur.

En voici la recette telle que mon ami Georges Anthelme a bien voulu me la confier à votre intention.

Pour 4 personnes

Ingrédients pour une galette de 25 cm de diamètre
1/2 dé de levure de boulanger
200 gr de farlne
75 gr de beurre fin
1 œuf
Le zeste d'un demi citron râpé fin
5 cl de Seyssel
25 gr de sucre
1 pincée de sel

Pétrir la pâte avec ces ingrédients bien travaillés et très souple.
Mettre la pâte à lever en boule au chaud dans la cuisine environ 1h30 (à 20°-25°)
Etendre en rond très mince sur un papier kraft, fariné 4m/m. Ourler les bords.
Recouvrir la surface d'une pellicule de sucre de canne en poudre et disposer 75 gr de beurre en copeaux bien répartis.
Cuisson au four à 250° (th. 7/8). 4 minutes en bas, 4 minutes près de la salamandre.
On doit obtenir un beau caramélisé.
En sortant du four glacer en aspergeant d'un peu d'eau. Découper en parts pendant qu'elle est encore chaude.
Servir avec crème fraîche et sucre en poudre.
Accompagner d'un Seyssel frais (8-10°).

La belle légende des Rois mages et de leur galette...

Il est à peu près certain que la fameuse galette des rois se perd dans la nuit des temps.

D'origine païenne, et plus probablement romaine, la galette ronde et dorée, représentant d'un côté un visage souriant et de l'autre un visage fermé, était un soleil de pâte fait de farine, de lait, d'œufs et de beurre, cuit au four et partagé en l'honneur de Janus, le dieu aux deux visages, qui ornait les dessus de portes des maisons romaines.

Son culte célébrait le retour vers la lumière après le solstice d'hiver qui marquait la nuit la plus longue de l'année.

La chrétienté, qui a plaqué tant de ses fêtes, sur celles, païennes, ayant la faveur des nouveaux convertis, n'a pas manqué celle-ci. Reprenant jusqu'à l'antique tradition qui faisait attribuer les parts par un enfant caché sous la table et couronner roi de la fête celui qui trouvait la fève dissimulée dans la pâtisserie.

Mais alors et les Rois mages ?

La tradition orientale nous révèle qu'il s'agirait d'astrologues venus d'Iran, attirés en Palestine par un phénomène astronomique signifiant pour eux la naissance d'un personnage illustre.

Ce n'est qu'au Ve siècle que l'on a déterminé qu'ils étaient trois ; selon les écrits d'Origène et de Léon le Grand.

Puis on en a fait des Rois mages car dans les psaumes, il est écrit : « Les rois de Tharsis offriront l'encens. ''

C'est au VIIe siècle qu'on leur a donné les noms de Melchior, Gaspar et Balthazar. Pour ce dernier, il s'agit de l'alitération du nom de

Beltshatsar, nom babylonien de Daniel le prophète voulant dire « Dieu protège la vie du roi». Ce dernier ayant reçu le pouvoir de divination.

C'est au XVe siècle que l'on donne à chacun une race différente. Melchior est européen, c'est-à-dire blanc. Gaspar est asiatique, c'est-à-dire jaune et Balthazar est africain, c'est-à-dire noir.

On les vénérait depuis le milieu du XIIe siècle car c'est en 1164 que leurs supposées reliques furent déposées à Cologne.

Cette année-là, un prêtre rhénan Jean de Hildesheim écrivit leur légende. Celle qui est parvenue jusqu'à nous.

On a fixé leur fête au 6 janvier, jour de l'Epiphanie (fête de l'apparition du soleil).

C'est pourquoi en Normandie dans la tradition, lorsque l'on s'adresse à l'enfant caché sous la table, chargé de désigner le bénéficiaire de la part de galette, on lui dit « Phœbe Domine «, c'est-à-dire "Seigneur Phœbus ! «.

Revenons à cette galette

A l'origine, il s'agissait donc d'une pâte feuilletée dorée faite avec de la farine, des œufs, du lait, du beurre, du levain et du miel ou du jus de figues séchées.

Galette dorée sur le dessus portant un visage souriant. Blanche au-dessous portant un visage fermé.

Depuis, on a tracé simplement des rayons sur le dessus et laissé la "lune" en blanc.

Puis selon les régions, on a fourré la-dite galette avec des amandes pilées (frangipane), avec des cerneaux de noix, avec des raisons secs, avec des poires, des pommes, des pruneaux. . .

Mais la seule, la vraie galette, c'est une pâte feuilletée, sèche, au beurre. Sans frangipane.

Tout le reste est affaire de mode et de goût.

Reste la feve qui est devenue, au fil des ans, santons de faïence, sujets animaliers en plâtre verni et parfois ... louis d'or chez certains pâtissiers qui en glissent un toutes les deux cents galettes. Une sacrée promotion !

Il est de coutume de couronner celui ou celle qui a trouvé la fève et à ce dernier ou cette dernière de se choisir un roi ou une reine en jetant sa fève dans le verre de l'élu ou l'élue. Puis de l'embrasser sous le gui du Nouvel An attaché au lustre de la pièce.

Il paraît que cela procure une année de bonheur.

Tout comme le fait de servir des lentilles le 1er janvier.

Pourquoi des lentilles ? à cause de leur grand nombre.

Elles ont remplacé les grenades que l'on s'offrait au Nouvel An. La grenade étant un fruit contenant de nombreuses graines. Chaque graine donnant une journée de joie.

Traditions, païennes ou religieuses, elles ont le mérite d'entretenir l'espoir.

Cela ne fait de mal à personne.

Galette des rois et cidre

Aucune boisson n'avait su, jusque là, séduire totalement la galette des rois, hormis le champagne. Or tout la rapproche du cidre : connvialité, festivité, mais aussi caractéristiques gustatives. La galette a donc enfin choisi son roi : le cidre !

Peu alcoolisé pétillant et naturel, le cidre est une boisson conviviale qui s'adapte tout à fait à la fête des rois et à sa galette croustillante.

L'arôme fruité et sucré du cidre se marie en effet volontiers avec une bonne galette, qui soit préparée au beurre, à base de pâte d'amande, ou avec des pommes.

Galette des rois aux pommes

Pour 4 personnes

Préparation : 30 minutes
Cuisson : 40 minutes
2 rouleaux de pâte feuilletée prête à l'emploi
4 grosses pommes
1 jaune d'œuf
1 demi-litre de lait
1 œuf entier + 2 jaunes
1 gousse de vanille
76 gr de poudre d'amandes
76 gr de sucre
60 gr de farine

Peler les pommes, les couper en dés en éliminant le centre et les pépins. Faire chauffer le beurre dans une poêle et mettre les morceaux de pommes à dorer à feu moyen, pendant 10 minutes, en remuant souvent. Réserver.
Préparer la crème frangipane : faire bouillir le lait avec la gousse de vanille fendue en deux dans le sens de la longueur. A ébullition, arrêter le feu et laisser infuser.
Dans un saladier, travailler au fouet, l'œuf entier et les deux jaunes avec le sucre, jusqu'à ce que le mélange blanchisse.
Incorporer la farine en fouettant toujours, puis le lait chaud, en le ver-

sant progressivement. Remettre le tout dans la casserole et faire épaissir quelques minutes sur feu doux, en tournant avec une cuillère en bois. Verser dans un saladier, laisser un peu refroidir puis incorporer la poudre d'amandes et remuer longuement.
Préchauffer le four thermostat 7 (210° C).
Dérouler la pâte feuilletée et disposer l'un des disques dans un moule à tarte. Répartir les pommes sur la pâte, puis verser la crème frangipane. Couvrir avec l'autre disque de pâte et souder les bords en les pinçant avec deux doigts mouillés.
Avec la pointe d'un couteau, tracer délicatement des arabesques sur la surface de la galette, sans percer la pâte.
Badigeonner la surface de la galette avec un pinceau trempé dans le jaune d'œuf battu et enfourner pour 10 minutes. Au bout de ce temps, baisser le thermostat à 6 (180°C) et laisser cuire encore une vingtaine de minutes jusqu'à ce que le feuilletage soit monté et bien doré.

Conseil :
On peut ajouter 2 cuillers à soupe de Calvados dans la poêle des pommes et faire flamber :
A déguster avec un cidre brut ou doux, selon les goûts.

Les gambas diablotines

Sur nos étals de poissonniers on trouve désormais ces énormes crevettes tropicales que l'on désigne, quelle que soit leur provenance sous l'appellation de gambas (nom espagnol de la grosse crevette de grande profondeur).

La Guyanaise dite « la brown » est brun-rose avec des tâches rougeâtres sur le dos (ce sont les vraies sauvages). La "scarlett " est rouge vif.

Voici une recette ramenée des Antilles où j'eus l'occasion voici quelques années de m'en régaler en famille.

Je vous la livre ici parce qu'au final on les flambe avec du... pastis.

La recette m'en fut confiée par une cuisinière haïtienne qui s'y entendait pour préparer les mets de son pays.

Pour 4 personnes

Pour la marinade :
Rhum blanc
eau de source
vinaigre
1 citron vert
1 gousse d'ail
1 pincée de gingembre
Ciboulette
Sel, poivre vert en grains
1 piment rouge

Pour le plat :
12 grosses crevettes guyanaises
Huile de palme ou d'olive
1 trait de pastis

Ébouillanter rapidemment les gambas, les écaler.
Préparer la marinade :
Dans un plat creux mettre un verre d'eau et un verre de rhum blanc. Ajouter un trait de vinaigre de vin blanc. Détailler le citron vert en rondelles fines. Peler et piler l'ail. Peler et émincer l'oignon.
Mettre le tout dans la marinade. Ajouter une pincée de gingembre.
Ajouter la ciboulette hachée grossièrement.
Saler, poivrer avec le poivre vert écrasé en mignonette.
Hacher un piment rouge. Bien mêler le tout.
Couper les gambas en deux dans le sens de la longueur. Les mettre à mariner pendant une demi-heure.
Dans une poêle mettre l'huile à chauffer, y mettre à sauter les gambas épongées et flamber au pastis avant de servir.
A déguster nature ou alors faire une petite sauce en passant la marinade au tamis. Mettre le jus dans une poêle à réduire à feu doux et y incorporer hors la flamme au fouet 75 gr de beurre. En napper la chair des gambas. Un hors-d'œuvre... exotique en diable.

Le gaspacho de fruits au Sauternes

La belle saison des fruits incite à privilégier les desserts estivaux et à goûter les vins blancs liquoreux qui sommeillent en cave. Il est de fait que l'on n'a pas très souvent l'occasion de se régaler d'un Sauternes (on ne mange pas tous les jours du foie gras... surtout en été).

Pourquoi se priver d'un plaisir surtout si ce Sauternes ne risque plus, après élaboration du plat, de « monter à la tête « ?

Voici une recette de fruits de saison en... gaspacho. Le gaspacho est une soupe froide délicieuse à base de tomates et de concombres spécifique de l'art culinaire ibérique.

Pour 4 personnes

1 bouteille de Sauternes
2 pêches
2 poires
2 brugnons
100 gr de framboises
100 gr de fraises
100 gr de prunes reines-claudes
100 gr d'abricots
Menthe fraîche
15 gr de sucre poudre

Peler les pêches. Les détailler en quatre. Peler les poires, les couper en 4 et les épépiner. Nettoyer les brugnons, les prunes et les abricots. Les couper en deux et jeter les noyaux. Laver les fraises. Les équeuter.
Dans une casserole, mettre la bouteille de sauternes à chauffer. Le flamber. Quand il ne brule plus, y plonger tous les fruits sauf les fraises et les framboises. Laisser à pocher à feu doux pendant 10 minutes.
A ce terme ajouter les fraises puis les framboises.
Sucrer légèrement.
Laisser à bouillotter à petit frémissement pendant 5 minutes.
Répartir tous les ingrédients et le jus de cuisson dans de grandes coupes à glace et mettre au réfrigérateur pendant une heure et demie.
Présenter chaque coupe décorée de quelques feuilles de menthe fraîche.

N. B. On peut utiliser avec bonheur un Monbazillac pour ce gaspacho de fruits. Le même vin peut être servi en accompagnement. Mais attention s'il n'y a plus d'alcool dans la coupe à dessert il y en aura dans le verre...

Gâteau à l'ananas

Un dessert qui allie l'Alsace à l'outre-mer. C'est étonnant et pourtant ! Rien ne se marie mieux que l'ananas et le kirsch. Allez savoir pourquoi. voici une recette de gateau assez exceptionnelle de simplicité et de goût.

Pour 4 personnes
1 ananas de 1 kg
385 gr de sucre
6 œufs
35 gr de farine
1 dl kirsch
1 petit citron

Ecraser les 3/4 de l'ananas. Le faire cuire dans le jus avec 300 gr de sucre
5 minutes).
Ajouter le 1/4 coupé en morceaux, encore 5 minutes de cuisson.
Casser les œufs entiers. Mélanger avec la farine et le jus de citron et le kirsch.
Ajouter la compote d'ananas. Verser dans un moule caramélisé. Faire cuire 1 heure au bain-marie, au four.
Servir le lendemain.

CAFÉS
CHOCOLATS
THÉS
ÉPICERIE
DE LA
REINE • BLANCHE
Place du Marché, 3
MEAUX
(Seine-&-Marne)
DÉBERNY

Gâteau aux noix et au Grand-Marnier

Je ne résiste pas longtemps aux arômes subtils du Grand Marnier. Consommé avec modération c'est une liqueur délicieuse. Dans la patisserie et la cuisine c'est le coup de baguette du magicien.

Dans ce gâteau aux noix raporté du Berry c'est le bouquet final du feu d'artifice de la fête.

Pour 4 personnes

200 gr de cerneaux de noix
75 gr de farine
Une pincée de sel
125 gr de sucre
2 œufs
60 gr de beurre
1 cuillerée à soupe de Grand Marnier
1 petit pot de confiture d'abricots.

Réserver quelques cerneaux pour la décoration.
Hacher le reste, mélanger la farine, le sel, le sucre, les œufs entiers et le beurre fondu.
Parfumer avec le Grand Marnier.
Verser la pâte dans un moule beurré.
Faire cuire de 30 à 40 mn à four chaud th. 7-8.
Vérifier la cuisson en plantant une lame de couteau dans le gateau, (elle doit ressortir sèche).
Démouler, laisser refroidir sur grille : Couper le gateau transversalement.
Faire fondre la confiture sur les deux moitiés du gâteau. Le reconstituer et napper l'extérieur de confiture également.
Décorer le dessus avec les cerneaux de noix réservés.

Glace des Isles

Quand on a dans ses branches antérieures des rameaux alsaciens, l'atavisme joue.

Ainsi cette délection pour les desserts dans lesquels le kirsch agit comme élément fédérateur et apporte son arôme si particulier.

Ainsi dans cette glace des Isles ou Îles...

Pour 4 personnes

1 litre de lait
250 gr de crème fraîche
100 gr de sucre
3 bananes
1 boîte d'ananas de 500 gr
6 jaunes d'œufs
1 verre à porto de kirsch

Mélanger jaunes d'œufs et sucre. Faire bouillir le lait. Ajouter au mélange précédent et faire prendre à feu doux.
Incorporer la crème fraîche.
Laisser refroidir.
Mixer bananes et ananas.
Parfumer au kirsch, verser le tout sur la crème.
Mettre au freezer 3 à 4 heures minimum.

Le Germon au Tursan blanc

L'affaire de la «Gabrielle» et de nos pêcheurs de thon, en guerre avec leurs confrères espagnols aux techniques plus anciennes, mais moins dévastatrices quand même, y compris sur le plan de l'emploi reconnaissons-le, m'a remis en mémoire l'excellente recette "pêchée» à Cap-Breton lors de vacances landaises... savoureuses.

Tout d'abord, il faut savoir que notre thon blanc (thunnus alalemga), c'est le Germon. Il est issu de l'ordre des... perches.

Il apartient à la famille des Scombridés. On le trouve de l'Atlantique à la mer d'Irlande, dans le Pacifique et l'océan indien.

Ce poisson pélagique vit en bancs entre deux eaux et il descend à plus de 200 m dans les eaux chaudes.

Plus il vieillit, plus il recherche les eaux chaudes.

C'est un grand voyageur taillé pour la course.

Au printemps, on le trouve aux Acores.. En été, au large de la Gascogne descendant vers l'Espagne.

Il faut 6 ans à un Germon pour atteindre sa taille adulte (12 à 13 kg).

Ce sont les pêcheurs de l'Yle d'Yeu, les Bretons et les Basques, qui furent les premiers pêcheurs de Germon. C'est la conserverie depuis Appert qui a contribué au développement de cette pêche.

Les pêcheurs français en débarquent bon an mal an 6 500 tonnes.

En début de saison on le pêche à la ligne et au filet maillant. En fin de saison on emploie le chalut pélagique.

Le conflit avec les Espagnols c'est la technique de pêche.

ils en sont encore à pêcher à la ligne, ce qui emploie par bateau 15 à 20 marins pêcheurs.

La prédation est donc minime et moins dévastatrice pour la faune aquatique que les filets dérivant dans Iesquels se prennent également les gentils dauphins aventureux. Si ces filets sont relevés avec précaution et le poisson trié soigneusement, les espèces non comestibles remises à l'eau avant asphyxie, et surtout s'ils n'excèdent pas 2,500 km et qu'aucune maille ne soit au-dessous de la taille, il n'y a pas lieu à s'offusquer.

Et donc régalons-nous de ce Germon ou thon blanc pêché du jour.

Voici une recette au Tursan blanc dont j'aime à me délecter parfois.

Pour 4 personnes

1 bouteille au Tursan blanc
1 tranche de Germon de 1kg (darne)
5 citrons
2 gousses d'ail
Sauge, persil, basilic
Huile d'olive
Vinaigre de Xéres
Sel, poivre
Un peu de beurre

Peler, hacher l'ail.
Effeuiller le thym, ciseler le persil, la sauge et le basilic.
Dans un plat creux à four, mettre les herbes et l'ail.
Ajouter 6 cuillers d'huile d'olive, 1 cuiller à soupe de vinaigre de Xéres, le jus d'un citron et un verre de Tursan. Bien mélanger le tout.

Placer dans le plat la tranche de thon et la retourner.
Placer ce plat au frais pendant une heure.
Retourner le thon quatre fois.
Mettre le four à chauffer (th 8) (220°).
Dans un plat à gratin beurré légèrement disposer dans le fond une couche de rondelles de citrons.
Placer dessus la tranche de thon.
Couvrir avec les ingrédients de la marinade et mouiller avec la moitié du jus de la marinade.
Saler. Poivrer.
Disposer sur le dessus une couche de rondelles de citrons.
Mettre à four chaud (th 6-7) pendant 25 minutes.
A ce terme servir le thon accompagné de riz pilaf et d'une salade verte à l'huile d'olive.

Nota : on colorera le riz avec du poivron rouge et vert haché en duxelle et juste ébouillanté.
Bien sûr on servira un Tursan blanc frais (8-9°) avec ce plat d'été.

La recette du Goeliot

Les « Goëliots « sont vendus sur la Foire à la Pomme en Goële. Autrefois c'était une pomme entourée de pâte à pain que l'on faisait cuire, en même temps que le pain, à l'époque où les paysans le cuisaient au four banal. Aujourd'hui on remplace la pâte à pain par de la pâte à tarte. A l'occasion des fêtes de familles briardes, l'un d'entre eux renfermait un gros oignon, à la place d'une pomme : celui qui le croquait se cassait le museau, d'où le nom de casse-musiau.

Voici la recette du Goëliot ou casse-musiau, rabone, gomichon, douillon ou pomme surprise.

Pour 6 personnes

6 pommes
50 gr de sucre
6 cuillers à soupe de gelée de groseilles ou de framboises
Quelques noisettes de beurre.

Pour faire la pâte
250 gr de farine
125 gr de beurre ou de saindoux
Un peu de sel et un jaune d'œuf pour dorer

Préparer une pâte avec la farine, la matière grasse et pétrir énergiquement en ajoutant un peu de sel et de l'eau.
Prendre ensuite les pommes et, sans les éplucher, retirer les pépins avec un vide-pommes. Remplir le centre avec un peu de sucre et de confiture, terminer par une noisette de beurre.
Etendre la pâte et y enfermer complètement les pommes individuellement dorer à l'œuf et faire cuire 30 mn à four modéré. Libre à vous de « piéger « vos invités en remplaçant une pomme par un oignon !

Gratin de crustacés aux poireaux et au muscadet

Je me souviens toujours avec émotion de mes vacances de jeunesse à St Jean de Monts. Nous allions parfois dans une petite auberge maraîchine couverte de chaume, où une vieille paysanne nous régalait soit de piboles (petites anguilles en matelote) soit d'un gratin de crustacés aux poireaux absolument divin.

En voici la recette.

Pour 4 personnes

1 litre de coques
1 litre de moules
500 gr de poireaux
1 verre de muscadet
200 gr de crème fraîche
60 gr de beurre
2 cuillers à soupe d'huile d'Arachide
2 pincées de thym
1 pincée de safran en pistils
Poivre

Faire ouvrir les moules et les coques séparement dans une casserole avec 1/2 verre de vin blanc, 1 pincée de thym.
Poivrer.
Les retirer quand elles sont ouvertes.
Nettoyer les poireaux.
Eliminer les 3/4 de la partie verte.
Les laver soigneusement. Les faire étuver avec 40 gr de beure à feu moyen 15- 20 mn.
Décoquiller les moules et les coques. Passer le jus de cuisson à travers un chinois puis le faire réduire des 2/3.
Ajouter la crème faire réduire à nouveau pendant une dizaine de minutes.
Ajouter le safran.
Poivrer.
Beurrer un plat à gratin assez large (ou des petits plats individuels allant au four). Placer les poireaux au fond ; répartir ensuite les coques et les moules.
Napper avec la sauce réduite.
Passer à four très chaud (therm. 8) de 8 à 10 minutes.

N.B. Elle employait du gros Plant mais je préfère le muscadet sur Lie. Affaire de sensibilité.

La gratinée de relevée

Quand on a fait la fête jusqu'aux aurores et qu'au petit matin l'on se sent un peu pateux tout en ayant la fameuse fringale de l'aube, rien de meilleur pour reprendre vigueur et lucidité qu'une bonne gratinée au four. Elle est à la soupe à l'oignon ce que la foie gras est au paté.

Voici une recette que l'on peut se faire en toute occasion telle que je la fais depuis toujours avec un égal bonheur.

Pour 4 personnes

2 kg d 'oignons blonds
1 litre de Tokay (pinot gris)
2 litres de bouillon de bœuf
(viandox ou bouillon cube)
250 gr d'emmenthal rapé
1/2 baguette rassie
40 gr de beurre
2 cuillers d'huile d'olive
1 gousse d'ail
Sel, poivre

Peler et émincer les oignons.
Dans une vaste cocotte en fonte frotter le fond avec l'ail écrasé.
Verser l'huile et mettre le beurre à fondre.
Y faire suer l'oignon jusqu'à ce qu'il prenne couleur. Remuer sans cesse pour qu'aucun morceau ne colle.
Déglacer avec la bouteille de vin blanc, mouiller avec le bouillon.
Saler. Poivrer généreusement.
Laisser à cuire ainsi pendant une bonne heure à petits frémissements.
Couper la demi-baguette en rondelles, les mettre à dorer au grille-pain (ou à la poêle dans la graisse d'oie).
Répartir la soupe dans des bols.
Disposer dessus les croutons dorés.
Parsemer de gruyère râpé.
Passer au four sous le lèche-frite jusqu'à faire dorer le gruyère.
Servir chaud.
C'est souverain contre la G.D.B. et c'est très reconstituant.
Inutile de mettre de l'alcool (marc ou alcool blanc) dans cette soupe, ce serait trop et indigeste.
un détail : quand le bol est presque achevé faire chabrot en versant dans le fond deux cuillers de rouge d'Alsace ou de... Cahors.
C'est sublime !

La gratinée de thon au chablis

Personne ne conteste les valeurs tant gustative que nutritive du thon en conserve.

Mieux la stérilisation améliore nettement la digestibilité du thon car elle attendrit les fibres protéïques conjonctives.

Sa chair excellente se consomme soit cuisinée fraîche soit apprêtée à partir de la conserve.

Un exemple de plat à base de thon en conserve au naturel.

Pour 4 personnes

400 gr de thon au naturezl
20 cl de chablis
2 échalotes grises
2 oignons
40 gr de lard fumé
1/2 litre de fumet de poisson
20 cl de crème fraîche
70 gr de beurre
50 gr de farine
40 gr de gruyère
Sel, proivre, noix de muscade

Délayer dans une casserole le fumet de poisson (en sachet si pas fait à la maison). Ajouter le Chablis. Porter à ébullition et faire réduire de moitié.
Dans une casserole, faire suer au beurre le lard coupé en dés, les échalotes hachées et les oignons détaillés en rondelles.
Quand les lardons sont bien dorés, ajouter le fumet.
Ramener à ébullition.
Ajouter la crème fraîche.
Mettre une pincée de noix de muscade.
Saler, poivrer;
Faire réduire au fouet.
Dans 4 ramequins, répartir la moitié de cette sauce.
Mettre dessus les morceaux de thon et napper du reste de la sauce.
Parsemer de gruyère râpé.
Mettre au four chaud (lèche-frite) à 250° jusqu'à blondissement du gruyère.
Servir chaud accompagné de Chablis frais (9-10°).

Le gratin de poires au Sabayon de Côtes de Beaune

Une jolie recette de dessert de fête.

Je l'ai tirée d'un livre de... régime. Je n'en croyais pas mes yeux. Mais après l'avoir éprouvée telle que signalée, je l'ai refaite en remplaçant l'édulcorant de synthèse (aspartam) par du sucre en poudre.

Ausi surprenant que cela puisse paraître, elle est aussi bonne à l'édulcorant, et sûrement meilleure pour les régimes hypocaloriques et hypoglycémiques.

Alors faisons- nous plaisir en rendant hommage aux diététiciennes de cardiologie de la Pitié-Salpêtrière.

Pour 4 personnes

4 belles poires William
50 gr de raisins secs
1 bouteille de Côtes de Beaune
Le zeste d'une orange
1 pincée de curry
8 jaunes d'œufs
80 gr de sucre ou d'aspartam

Mettre dans une casserole les 3/4 de la bouteille de Côtes de Beaune, le zeste d'orange, une pincée de curry et les raisins.
Porter à ébullition.
Dans ce jus, pocher les quartiers de poires pelés et épépinés pendant 15 minutes.
Oter les poires délicatement.
Dans une autre casserole, mettre les jaunes d'œufs.
Ajouter six cuillers à soupe du jus de cuisson.
Fouetter en faisant chauffer doucement jusqu'à ce que le mélange épaississe.
A ce moment sucrer au sucre ou à l'édulcorant.
Mettre les poires délicatement dans un plat à four.
Parsemer les grains de raisins marinés.
Napper avec le sabayon.
Passer rapidement sous le grill du four (lèche-frite).
Servir tiède avec une coupe de champagne ou de... Perrier selon régime.

Grenadins de veau au fromage frais

Marier du Tabasco de... Floride au Banyuls pyrénéen il fallait le faire. Pourquoi non ?

Le Tabasco n'est après tout qu'une préparation à base de vinaigre et de piment rouge avec quelques autres ingrédients...

Le veau est assez fade et voici donc une manière de lui redonner du... caractère.

Attention au Tabasco, ne pas avoir la main trop lourde sinon cela deviendrait immangeable.

Pour autant essayez... c'est divin.

Pour 4 personnes

4 grenadins de veau de 150 gr chacun
1 fromage frais assaisonné à l'ail et aux fines herbes
1 verre de liqueur de Banyuls
50 gr de beurre, poivre
1 filet de Tabasco

Faire dorer les grenadins au beurre chaud, dans une poêle. Réduire le feu, laisser cuire environ 8 mn de chaque coté. Tenir au chaud après avoir poivré.
Jeter le beurre de cuisson, déglacer avec le Banyuls. Ajouter le fromage et le tabasco. Laisser le tout fondre doucement en remuant sans arrêt.
Napper les grenadins avec cette sauce bien chaude. Servir aussitôt, avec en garniture des cœurs de céleri ou des endives braisées.

Appelons un chat... un chat

La floraison de guides en tous genres et à tous propos, (surtout celui de faire de l'argent), m'incite à prendre la plume pour remettre les pendules à l'heure, en mettant en garde les amateurs de bonnes adresses contre les faux guides qui ne sont, en fait, que des répertoires.

Un guide c'est une sélection d'établissements faite par des enquêteurs, chroniqueurs gastronomiques professionnels reconnus dans leur profession pour leur compétence, leur sérieux et leur honnêteté.

Un guide conseille celui qui l'achète, selon des critères qui lui sont propre. Les adresses y figurant ne sont jamais choisies à raison d'une rétribution quelconque. Rien à voir avec ces répertoires d'adresses édités par des groupements professionnels, comités touristiques, associations plus ou moins fumeuses, voire annuaires commerciaux ou téléphoniques.

En ce domaine, comme dans celui des appellations de cartes ou menus, il n'est que temps d'appeler un chat un chat, et de cesser de prendre les restaurateurs et leurs clients pour des gogos.

Notre héxagone gastronomique ne manque pas de vrais guides sérieux comme le Michelin, le Bottin gourmand, l'Auto-journal, le Gault-Millau, le Champerard... pour n'évoquer que les plus grands, sans qu'il soit besoin de tromper la vigilance de tout un chacun, en baptisant Guide ce qui n'est que l'annuaire sans critère de discernement d'un organisme ou d'un particulier qui croit pouvoir justifier de l'emploi de subventions généreuses, ou de cotisations plus ou moins extorquées (obtenues par ruse), auprès de restaurateurs ou hôteliers un peu naïfs.

Les guides qui ont pignon sur rue sont indépendants de tout pouvoir (politique ou d'argent), et sont responsables de leurs avis.

Les répertoires ou annuaires ne sont que les listes d'adresses, pratiques certes, mais sans valeur de référence.

Tant pis si cette vérité dérange, mais de temps à autre, il convient de revenir à une définition du sens des termes et appellations.

Les harengs marinés au muscadet

Les harengs marinés tout prêts, en bocaux ou en boîte c'est bon. Mais se les préparer soi-même c'est tout à fait autre chose. Cela a un autre goût et une autre texture.

Certes il y faut du temps, un minimum de soin et beaucoup d'amour.

Mais quel régal à peu de frais !

Voici une recette dont j'aime à me régaler de temps à autre et bien sûr à en régaler mes amis lors de mâchons matinaux.

C'est simple mais tout simplement bon.

Il suffit de se procurer chez le poisonnier des harengs frais et d'ouvrir une bonne bouteille de muscadet sur Lie.

Pour 4 personnes

4 beaux harengs frais
1 bouteille de muscadet sur lie
1 carotte
4 oignons
2 branches de persil
Thym, laurier
4 grains de poivre
5 cl de vinaigre de vin vieux
1 citron
1 clou de girofle
800 gr de pommes de terre Roseval
50 gr de câpres

Faire cuire à l'eau salée les pommes de terre.
Quand elles sont cuites, les laisser tiédir et les peler.
Les couper en rondelles.
Les assaisonner dans un plat creux avec de la mayonnaise.
Lever les filets de harengs.
Peler les oignons et les émincer en rondelles fines.
Gratter la carotte et l'émincer en rondelles fines.
Dans une casserole large, étaler la moitié des oignons et de la carotte.
Poser à plat les filets de harengs.
Couvrir avec les grains de poivre, le clou de girofte, les branches de persil, le thym (1 branche), le laurier (1 feuille), le reste de la carotte et des oignons.
Mouiller avec le vin (10 cl), un peu d'eau (10 cl), le vinaigre (10 cl).
Porter à ébullition. Couvrir et laisser à bouillotter à couvert pendant 5 minutes.
Oter du feu et laisser refroidir.
Dans un plat creux, mettre délicatement les filets côte à côte.
Oter le persil, le thym, le laurier, les grains de poivre et le clou de girofle.
Oter à l'écumoire carottes et oignons et en napper les filets.
Faire réduire à feu vif le reste de jus jusqu'à moitié.
Faire refroidir et en arroser les filets.
Peler le citron et le détailler en rondelles fines.
Etaler ces rondelles sur les filets.
Servir avec les pommes à la mayonnaise dans lesquelles on aura ajouté 50 gr de câpres.
Servir accompagné de Muscadet sur lie frais (9-10°).

Les huîtres au beurre d'échalotes

Les huitres chaudes sont aussi bonnes que crues.

Là aussi c'est une affaire de goût. Ce qui est sûr c'est que cuites on en mange moins. C'est donc plus économique quand on est un certain nombre à table. Et puis cela change.

En tous cas c'est plus digeste pour les santés fragiles.

Pour 4 personnes

2 douzaines d'huitres creuses
150 gr de beurre
3 échalotes
25 cl de Muscadet
Sel, poivre

Ouvrir les huitres sans abimer les coquilles. Les détacher. Filtrer le jus.
Le verser dans une casserole, y ajouter les huitres décoquillées.
Faire chauffer jusqu'à frémissement du liquide.
Retirer les huitres à l'aide d'une écumoire, les placer dans les 12 coquilles.
Filtrer le jus. Dans la casserole, ajouter les échalotes hachées fin et le vin blanc.
Faire bouillir à feu vif jusqu'à réduction presque complète. Baisser le feu, puis incorporer le beurre petit-à-petit en fouettant sans cesse.
Répartir la sauce dans les huitres. Passer à four très chaud (thermostat 8) pendant trois minutes.
Servir aussitôt.

Huîtres chaudes de la Saint-Sylvestre

Pour 4 personnes

1 douzaine d'huîtres bien grosses et bien creuses
4 tranches de foie gras (oie ou canard)
1 belle échalote
100 gr de beurre fin
1 petit pot de crème fraîche
Poivre du moulin

Couper en losange les tranches de foie, pour obtenir 24 dés parfaitement réguliers.
Ouvrir les huîtres et récupérer l'eau après filtration ; réserver.
Hacher finement l'échalote.
La jeter dans une casserole avec l'eau des huîtres et la crème fraîche.
Chauffer à feu doux, puis incorporer le beurre tout en remuant doucement.
Poivrer au moulin ; mais ne pas saler.
Quand la sauce devient onctueuse, poser les huîtres sur du gros sel, dans des assieettes en porcelaine à feu.
Recouvrir chaque huître d'ure cuillère à soupe de sauce, puis les passer sous le grill bien chaud 1 mn environ.
Dès la sortie du four, disposer un losange de foie gras sur chaque huître, et servir sans attendre avec un champagne brut.

Et la fine de claire ?

En fait il s'agit de la portugaise.

En voici l'histoire.

En 1868, un certain capitaine Patoiseau, d'Oléron, propriétaire et commandant de l'"Ile d'Oléron «, cabotait entre Lisbonne et Southampton, transportant généralement du vin de Porto dont raffolent les Anglais.

Or, le 9 juin de cette année, un marchand portugais confia au capitaine un chargement exceptionnel d'huîtres portugaises qu'un Anglais très riche vivant au Portugal destinait à des amis londonniens, pour feter ses 50 ans.

Le 10, l'"Ile d'Oléron" appareillait de Lisbonne, les bourriches soigneusement arrimées sur le pont.

Le 12, une tempête se leva alors, que l»Ile d'Oléron" croisait au large d'Arcachon.

Prudent, le capitaine alla se réfugier dans le bassin pour laisser passer la tempête.

Mais celle-ci dura neuf jours pleins. Chaleur, lourdeur et longueur du temps firent que certaines huîtres supportèrent mal d'être enfermées et rendirent l'âme, dégageant une odeur vite nauséeuse. Craignant pour la santé de l'équipage et persuadé que sa cargaison était de toute façon perdue, le capitaine fit jeter par-dessus bord les bourriches.

Deux jours plus tard, il reprenait la mer...

Mais toutes les huîtres n'avaient- pas trépassé. Et les survivantes se trouvèrent très bien dans ce bassin d'Arcachon.

Elles y proliférèrent tant et si bien qu'elles en chassèrent les bordelaises plates qui furent contraintes de remonter les côtes jusqu'en Bretagne où elles font la fortune des ostréiculteurs locaux.

Arcachon, pour sa part, cultive désormais la... portugaise avec bonheur, pour notre plus grand plaisir de gastronomes.

Les Grecs rivalisaient d'ingéniosité pour ses préparations et son utilisation. Mets de choix, l'huître était frite dans l'huile, rôtie ou cuite avec miel, persil et menthe. Bulletin de vote, sa coquille servait à exprimer le bannissement du personnage a évincer de la scène politique, c'était l'ostracisme. Aphrodisiaque, elle était absorbée après avoir été pilée et réduite en poudre.

Les Romains qui l'adoraient littéralement, la dégustaient crue et frappée de glace ou cuite assaisonnée de garum (espèce de saumure). Le premier ostréiculteur fut sans doute le romain Sergus Orata. Il se lanca dans le stockage des huîtres en vivier. Mais le père de l'ostréiculture moderne se nomme Victor Costes, le naturaliste qui, en 1858, créa des bancs artificiels en baie de Saint Brieuc.

Huîtres coquines au blanc de poireau et au Riesling

Pour 4 personnes

1/2 verre de Riesling
2 douzaines d'huîtres creuses
2 poireaux
75 gr de beurre
25 gr de farine
1 petit pot de crème fraîche épaisse
Gingembre en poudre
1 échalote
Mie de pain rassie
Sel et poivre du moulin

Ouvrir les huîtres. Enlever les chairs délicatement, et verser l'eau recueillie dans une casserole.
Faire pocher les huîtres 2 mn environ.
Egoutter et réserver.
Dans 25 gr de beurre et 1/2 verre de Riesling, faire revenir l'échalote et les blancs de poireaux coupés très finement dans le sens de la longueur.

Saler et poivrer.
Préparer la béchamel dans une casserole sur feu doux, faire fondre 25 gr de beurre.
Jeter d'un seul coup 25 gr de farine, remuer vivement avec un fouet pendant 2 minutes.
Quand la préparation est lisse, retirer la casserole du feu, puis verser doucement le mélange, crème-fraîche / eau de cuisson des huîtres, tout en continuant à fouetter régulièrement.
Laisser cuire à feu très doux 10 minutes environ en remuant sans interruption, Poivrer et rajouter la poudre de gingembre. (2 à 3 pincées).
Faire revenir la mie de pain rassie dans une poêle avec les 25 gr de beurre restant.
Dans le fond de chaque coquille, déposer une couche de poireaux, l'huître décoquillée, puis napper de béchamel.
Saupoudrer de mie de pain et ajouter quelques petits morceaux de beurre.
Positionner les huîtres bien à plat sur la plaque du four à l'aide de gros sel, et faire cuire thermostat 6/7, 3 minutes environ.

Les huîtres gratinées au Chablis

Au cours d'un voyage en Champagne, une de mes charmantes consœurs bourguignonnes, Christine Ranunkel, qui est une ardente propagandiste de l'Yonne, m'a tellement vanté les qualité des vins de sa région que je me fais une joie de lui dédier cette recette d'huîtres (dont elle raffole) au Chablis (dont j'aime à me régaler... avec modération).

Tant il est vrai que ce bivalve, que la tradition nous conduit à ne consommer que pendant les mois en r (c'est-à-dire à l'exclusion de ceux d'été durant lesquels la chaleur rendait leur transport aléatoire, mais surtout parce que c'est la saison où elles sont "laiteuses", ce qui n'est pas du goût du plus grand nombre) ne se déguste pas uniquement cru et... vivant

Cuit il est délicieux et s'accomode de mille et une manières selon la fantaisie de la cuisinière.

Voici une recette d'huîtres cuites au four mariant ce mollusque au superbe Chablis. Un jumelage heureux entre la Bretagne et la Bourgogne, B and B diraient certains, avec un clin d'œil amusé en direction d'une marque célèbre.

Pour 4 personnes

2 douzaines de fines de claire creuses
1 bouteille de Chablis
20 cl de crème fraîche
Moulin à poivre
6 échatotes grises

Dans un plat à four disposer les huîtres côte à côte.
Mettre à four chaud (220°) pendant 1 minute, jusqu'à ce que les huitres s'ouvrent.
Oter le plat du four.
Oter la coquille supérieure et la jeter.
Récupérer l'eau dans un récipient.
Dans une sauteuse mettre les échalotes pelées et hachées avec 30 cl de Chablis à fondre.
Faire réduire des 2/3. Ajouter alors l'eau des huîtres filtrée.
Porter à ébullition.
Donner 2 tours de moutin à poivre.
Ajouter la crème fraîche et faire épaissir au fouet.
Garnir chaque huître avec une cuiller de cette réduction.
Remettre le plat au four (220°) pendant 2 minutes. Servir chaud.
Accompagner du même Chablis frais (8/10°).
Une entrée simple et délicieuse.

La joue de bœuf au Cheverny blanc

Parmi ce que l'on appelle les abats rouges, mais qui ne sont abats que parce qu'ils n'appartiennent pas aux morceaux à rôtir, on trouve la joue de bœuf dont je ne manque jamais d'en mettre dans le pot-au-feu.

Avec de la queue, bien sûr...

Mais cette joue que l'on doit consommer fraîchement abattue est une viande maigre que l'on peut cuisiner en daube ou braisée. Le braisage lui confère un moelleux et un goût très particuliers, libérant un jus riche en arômes et savoureux.

Voici une recette de joue de bœuf au Cheverny blanc tout à fait délicieuse et simple à réaliser.

Pour 4 personnes

1 bouteille de Cheverny blanc
2 joues de bœuf parées
4 gousses d'ail
1 bouquet garni
Sel, poivre, muscade
Huile d'olive

La veille : couper les joues en gros morceaux. Les mettre en terrine. Saler, poivrer, muscader. Ajouter le bouquet garni, verser dessus un verre d'huile d'olive et mouiller avec 2 verres de Cheverny blanc. Couvrir et laisser au frais toute la nuit.

La cuisson :
Égoutter et éponger les morceaux de viande.
Dans une cocotte, mettre un peu d'huile d'olive à chauffer à feu vif.
Y mettre à revenir les morceaux et les faire dorer sur tous les côtés.
Puis mouiller avec le jus de la marinade passé.
Ajouter les 4 gousses d'ail écrasées et laisser venir à ébullition.
Couvrir et mettre à four moyen (th. 4/5) pendant 3 heures.
De temps en temps, vérifier qu'il reste du jus sinon ajouter un peu de vin coupé d'eau chaude.
Pendant ce temps, on aura préparé une purée de haricots blancs mixée avec 15 cl de crème fraîche mais relevée d'un soupçon de muscade.
On accompagne ce plat simple et roboratif de Cheverny... rouge frais (entre 10 et 12°).
Essayez, vous m'en direz des nouvelles.

Le kouign amann

On peut être maître ébéniste comme mon ami Roger Biton (les œuvriers de Chambry 77) et se révéler un cuisinier amateur de qualité.

Pour lui faire plaisir voici la recette authentique du Kouign Amann, un dessert né à Douarnenez vers 1865 de l'imagination du chef Scordia.

Depuis 130 ans cette recette a évolué et chacun la réalise à sa façon.

Voici celle que j'ai été chercher pour Roger dans les mémoires des cuisiniers du cru.

Pour 4 personnes

450 gr de farine
300 gr de beurre
200 gr de sucre
Facultatif
3 cl de marc de cidre
1 pincée de sel
20 gr de levure de boulanger
1 jaune d'œuf pour colorer

Délayer la levure dans 3 cuillers d'eau tiède.
Le mélanger à la farine.
Ajouter le sucre puis le beurre ramolli.
Parfumer (facultatif) avec le marc.
Donner quatre tours à la pâte comme pour un feuilletage.
Laisser reposer 15 minutes entre chaque tour.
Beurrer un moule à tarte.
Mettre la pâte dedans.
Rayer le dessus à la fourchette.
Mettre à four chaud 180° pendant 25 minutes. Le dessus doit être bien doré. Eventuellement on aura étalé au pinceau le jaune d'œuf sur le gateau avant de l'enfourner.
Quand le gateau est cuit le saupoudrer de sucre et le laisser tiédir.
Le consommer tiède, sinon le repasser au four avant consommation. Il est également délicieux réchauffé.
A consommer avec un cidre brut ou doux très frais (7à9°)

Langoustines en aigre-doux au Listel blanc

L'aigre-doux n'est pas une invention récente. Elle nous viendrait paraît-il d'extrême-Orient. La technique viendrait de la consersation (avant le réfrigérateur) qui faisait plonger les viandes et les poissons dans du vinaigre pour les garder un maximum de temps avant... putréfaction.

Pour consommer ces produits de... conserve on y ajoutait du miel, du sucre de canne, du jus de raisin ou de la pâte de figues sèches.

On nous assure que le sirop de canne aurait été rapporté en France par les croisés sous le nom de "sel blanc"

Ce sirop considéré comme une épice aurait servi à adoucir le vinaigre de la conservation.

D'où ce goût pour l'aigre-doux, qui est de nouveau à la mode, avec le succès, chez nous, de la cuisine chinoise (seconde mondialement après la nôtre...) qui lui fait souvent appel.

Comme cette cuisine nous est revenue de l'Orient par le port d'Aigues-Mortes à l'époque des croisades) nous allons réaliser cette recette au Listel blanc (vin des sables du Delta du Rhône).

Pour 4 personnes

1 bouteilles de Listel blanc
20 langoustines
Un restant de purée de pommes de terre 200 gr
Farine

3 œufs
Sel, poivre
Un concombre
Sauce Worcester
Sucre en poudre
2 cuillers de vinaigre de vin rouge
3 cuillers d'huile d'olive

Ebouillanter rapidement ou mieux, à la vapeur, les langoustines.
Détacher les carapaces et conserver les queues intactes.
Inciser le dos avec un couteau fin sans entamer la chair.
Sortir la chair.
Dans une jatte mettre la purée (200 gr), ajouter 3 cuillers de farine et les 3 œufs. Bien battre le tout pour obtenir une pâte collante.
Rouler les queues de langoustines dans cette pâte et plonger ces "beignets" dans une huile à friture à 170°.
Quand ces beignets sont dorés, les mettre à égoutter au chaud.
Dans une casserole à feu doux, mélanger le worcester (3 cuillers à soupe) le sucre en poudre, le vinaigre (2 cuillers à soupe), le vin (2 cuillers à soupe) et l'huile (3 cuillers à soupe).
Quand le tout est bien mêlé et chaud, jeter dessus une cuiller à soupe de farine et fouetter jusqu'à consistance onctueuse.
Saler, poivrer.
Sur un plat disposer le concombre émincé en fines rondelles (sans l'éplucher, ni le vider, ni le faire dégorger).
Napper de la sauce aigre-douce et disposer sur le tout les beignets.
Servir chaud avec un Listel blanc frais (8/10°).
NB : on peut remplacer les langoustines par des gambas.

Lapin au cidre

Des recettes de lapin, il en existe plus de cent et une. Alors rien d'étonnant à ce que maître Jeannot ait trouvé à s'accomoder de cidre. D'autant que celui-ci affectionne particulièrement les vergers (qu'il soit de garenne ou domestique)

Ce lapin-là je crois bien que c'est mon ami Louis Lachenal qui me l'a fait découvrir, à l'époque où il se lançait dans la cuisine au cidre et à la pomme. Qu'il en soit remercié et complimenté.

Pour 4 personnes

1 gros lapin de 1,500 kg environ
1/2 litre de cidre sec
50 gr de beurre
200 gr de lard fumé
250 gr de champignons de Paris
2 oignons
2 échalotes
1 gousse d'ail
1 feuille de laurier
1 brindille de thym
Sel, poivre

Couper le lapin en morceaux et le faire dorer dans le beurre.
Quand ils ont bien pris couleur, les retirer et les remplacer dans la cocotte par le lard coupé en lardons, les oignons et les échalotes hachées.
Laisser fondre doucement puis, quand les oignons sont transparents, ajouter les champignons lavés et coupés en quatre.
Quand les champignons ont bu toute leur eau, remettre le lapin dans la cocotte, mouiller avec le cidre.
Saler, poivrer, ajouter l'ail, le thym et le laurier et laisser cuire à petit bouillottements.
Lorsque la viande est cuite, disposer les morceaux sur le plat de service. Si la sauce est trop liquide, la faire réduire un peu.
Napper le plat de sauce et servir immédiatement avec des pommes vapeur ou des tagliatelles au beurre.

Lapin au cidre et aux navets

Encore une recette que Louis Lachenal réussit à merveille.

Auteur de plus de 50 recettes au cidre et y compris un foie gras absolumment divin. Louis Lachenal est aujourd'hui le maître incontesté de la cuisine cidrière.

Suivons le dans la cuisine.

Pour 4 personnes

1 beau lapin
1 bouteille de cidre brut
3 oignons, 3 échalotes, 3 gousses d'ail
1 petit bouquet garni
6 cl de calvados
1 grosse cuillerée à soupe de farine
80 gr de beurre
2 cuilllerées à soupe d'huile
150 gr de crème
1 kg de petits navets
1 cuillerée à café de sucre en poudre
Sel, poivre, persil haché

Dans une sauteuse faire chauffer 40 gr de beurre et l'huile.
Faire revenir le lapin coupé en morceaux, les oignons et les échalotes émincés, l'ail écrasé.
Laisser dorer puis arroser avec le calvados et flamber. Saupoudrer ensuite ces éléments avec la farine, mélanger 2 mn à la cuiller de bois, mouiller avec le cidre, ajouter le bouquet garni, assaisonner laisser cuire 40 mn à petit feu.
Faire blanchir les petirs navets coupés en deux, 5 mn à l'eau bouillante salée. Les égoutter et les faire revenir dans le reste de beurre chaud. Quand ils commencent à dorer, les saupoudrer avec le sucre, laisser caraméliser.
Déglacer ce caramel avec une louche de sauce du lapin, ajouter également la crème, rectifier l'assaisonnement. Continuer la cuisson 15 mn.
Servir très chaud après avoir retiré le bouquet garni.
Saupoudrer de persil haché.

Lapin à la crème

Certains préfèrent le Jurançon moelleux pour ses arômes et la manière délicieuse dont il accompagne le foie gras.

D'autres considèrent que le Jurançon sec est un vin de soif qui se consomme à toute heure.

Les deux me comblent d'aise, mais pour cette recette mieux vaut un jurançon sec.

Avec le cognac c'est une alliance du midi pour ce plat réconciliant de nombreux terroirs dans la cuisine... héxagonale.

Pour 4 personnes

1 lapin de 1,800 kg coupé en 10 morceaux avec son foie
500 gr de crème fraîche épaisse
2 cuillers à soupe bombées de moutarde de Meaux
2 cuillers à soupe de cognac
2 dl de jurançon sec
6 échalotes
1 cuiller à soupe d'huile
50 gr de beurre
2 branches d'estragon
Sel, poivre

Peler les échalotes et les hacher menu. Réserver le foie du lapin dans un bol. Mélanger crème et moutarde dans un saladier.
Faire chauffer l'huile dans une sauteuse qui contienne juste les morceaux de lapin côte à côte ; y ajouter le beurre et, lorsqu'il a fondu, poser le lapin. Saler, poivrer et faire dorer à feu doux, 5 mn de chaque côte, en retournant à mi-cuisson.
Lorsque les morceaux de lapin sont dorés, les retirer de la sauteuse et les réserver sur un plat.
Jeter le gras de cuisson.
Verser l'alcool dans la sauteuse en grattant le fond avec une spatule.
Le laisser s'évaporer puis ajouter les échalotes et le vin, porter à ébullition et remettre les morceaux.
Laisser le vin s'évaporer en tournant une fois le lapin, sur feu vif.
Lorsque le vin s'est évaporé, ajouter la crème à la moutarde dans la sauteuse ; à l'ébullition, couvrir et laisser cuire 10 mn.
Pendant ce temps, passer le foie du lapin au mixer et le réserver dans le bol.
Lorsque le lapin a cuit 30 mn dans la crème, dresser les morceaux dans un plat de service bien au chaud. Faire réduire encore un peu la crème de cuisson, Jusqu'à consistance sirupeuse, puis retirer la sauteuse du feu et ajouter la purée de foie. Mélanger pendant 30 secondes.
Poivrer si nécessaire.
Verser cette sauce sur les morceaux de lapin à travers une passoire fine.
Décorer le plat avec l'estragon ciselé, et porter à table.

Lapin de garenne au cidre

Quand je vous dit que Maître Jeannot qu'il soit de garenne ou de clapier, s'entend à merveille avec le cidre pour nous esbaudir...

En voici la preuve avec cette recette un peu sauvageonne mais diablement délicieuse.

Si le lapin est trop jeune en prendre deux, si le chasseur sait ... tirer.

Pour 4 personnes

1/2 litre de cidre brut
1 lapin de garenne
400 gr d'oignon
60 gr de beurre et 1 cull. à soupe d'huile
1 cuiller à soupe de jus de citron
1 bouquet composé de thym, laurier, persil et très peu de romarin
2 cuillers à soupe de moutarde blanche
250 gr de crème épaisse, sel, poivre, persil haché.

Détailler le lapin en morceaux, les assaisonner. Les faire revenir à feu pas trop vif dans un mélange beurre, huile, avec les oignons hachés. Lorsqu'ils sont bien dorés, mouiller avec le cidre, le jus de citron.
Ajouter le bouquet garni.
Assaisonner. Laisser cuire 30 minutes.
La sauce doit réduire de moitié. 5 mn avant de servir, égoutter les morceaux de lapin.
Mettre dans la sauce, la crème et la moutarde, blen mélangées. Faire épaissir en battant au fouet. Remettre un instant les morceaux de lapin dans cette sauce puis dresser le tout sur le plat de service chaud.
Saupoudrer de persil haché.

Le lapin au Vin jaune

Ayant ouvert une bouteille de Vin jaune de Chaton-Chalon (Jura) et l'ayant « oubliée « pendant plusieurs jours, je me suis décidé un dimanche, à l'employer, non plus en vin d'aperitif mais dans la confection d'un plat de fête tout ce qu'il y de simple.

Un lapin en cocotte au Vin jaune !

Un vrai régal, odorant et fondant en bouche, laissant s'exhaler des arômes subtils de Vin jaune et de romarin.

Essayez-le vous m'en direz des nouvelles.

Pour 4 personnes

1 reste de Vin jaune (2 verres)
1 lapin de 1,5 kg
1 gros oignon
20 oignons grelot
1 gousse d'ail
100 gr de lard maigre
1 cuiller de graisse d'oie ou 1 verre d'huile d'olive
1 carotte
3 clous de girofle
12 baies de Genièvre
1 branche de persil
1 feuille de laurier
1 brin de thym
Romarin

Sel, poivre, 4 épices
Un peu de farine
1/2 litre d'eau chaude

Détailler le lapin en 8 morceaux.
Mettre le foie à réserver.
Peler les oignons.
Mettre les clous de girofle dans le plus gros.
Gratter et couper en rondelles la carotte.
Couper en lardons, le lard maigre.
Dans une cocotte en fonte mettre la graisse d'oie à chauffer.
Y faire blondir les oignons avec la carotte coupée en rondelles et les lardons.
Mettre les morceaux de lapin à saisir sur tous les côtés.
Quand la viande est bien saisie poudrer avec 2 cuillers de farine, bien faire prendre couleur.
Mouiller avec 2 verres de vin jaune et 1/2 litre d'eau chaude.
Ajouter le brin de persil, la feuille de laurier, le romarin, les baies de genièvre, le thym, l'ail.
Saler, poivrer, une pincée de 4 épices.
Laisser monter à bouillottement.
Réduire la source de chaleur après avoir couvert.
Laisser à cuire doucement pendant 1/2 heure.
Ajouter alors une douzaine de petites pommes de terre Roseval pelées et lavées, ajouter le foie.
Couvrir et laisser à cuire encore pendant 1/2 d'heures.
Servir chaud accompagné d'un rouge d'Arbois.
N.B. : On peut avantageusement mettre la cocotte au four (Th. 4-5).
Surveiller de temps à autre pour compléter le jus de cuisson avec un peu d'eau chaude.

Le lapin au Vin jaune et à la moutarde de Meaux

Comment naît une recette ? Tout simplement de l'application de principes de base et de l'opportunité de produits que l'on a ensemble au bon moment.

Ainsi certain soir où je devais réaliser une recette sous l'œil d'une caméra indiscrète autant que complice, j'avais promis de faire un lapin à la moutarde de Meaux.

Recette éprouvée certes mais que je désirais "améliorer".

Habituellement je la fais au Champagne tranquille voire avec un Chardonnay en provenance de Bourgogne.

Ce soir-là, je me rappelais soudain que j'avais une bouteille de Vin jaune de Château-Chalon qui risquait de me survivre si je ne l'employais pas en cuisine.

Car pour vider un clavelin (62,5 cl) il faut en avoir l'occasion et un nombre suffisant de convives. Sauf à le servir en apéritif, ce qui n'est guère sa vocation.

Et donc disposant d'un superbe lapin, j'entrepris de réaliser "en direct" un lapin au Vin jaune et à la moutarde de Meaux.

Comme mes convives m'ont fait la politesse de l'apprécier, je vous en livre la recette brute de décoffrage.

Pour 4 personnes

1 lapin avec son sang et son foie
1 clavelin de Vin jaune
Moutarde de Meaux
12 oignons blancs
15 cl de crème fraîche
2 carottes
1 gros oignon
1 gousse d'ail
4 baies de genièvre
bouquet garni
1 cuiller de farine
sel, poivre, muscade
1 cuiller de graisse d'oie

Détailler le lapin en 8 morceaux.
Mettre le foie à réserver dans un bol avec le sang. (arroser d'un trait de vin jaune et mettre au frais couvert d'un linge).
Couper les queues d'oignons blancs à 10 cm du bulbe. Peler le gros oignon et l'émincer.
Gratter et couper les carottes en rondelles.
Peler la gousse d'ail et l'écraser.
Dans une cocotte en fonte, mettre une cuiller de graisse d'oie à chauffer à feu vif.
Mettre à fondre l'émincé d'oignons avec les carottes.
Quand les oignons commencent à prendre couleur, mettre les morceaux de lapin à saisir.
Quand ceux-ci sont saisis de toutes les faces, jeter une grosse cuiller de

farine avec le tout et bien remuer à la spatule.
Mouiller alors avec les 2/3 de la bouteille de Vin jaune.
Laisser venir à ébullition. Saler, poivrer, muscader.
Ajouter le bouquet garni et les baies de genièvre ainsi que l'ail écrasé.
Jeter les oignons blancs dans la cocotte.
Couvrir.
Mettre à four chaud (th. 6/7) pendant une heure.
Passer le foie avec le sang au mixer.
Quand tout est réduit en purée, mêler à la spatule une cuiller de moutarde de Meaux et 15 cl de crème fraîche.
Vérifier que le lapin est cuit. Sinon laissr encore 1/4 d'heure.
Puis hors du four ajouter le mélange foie, sang, crème, moutarde.
Oter les morceaux et les mettre sur un plat chaud.
Mettre la cocotte sur une source de chaleur et faire réduire la sauce pour qu'elle épaississe un peu. En napper alors les morceaux de lapin non sans avoir au préalable ôté et jeté le bouquet garni.
Servir avec des pâtes fraîches.
Accompagner d'un Santenay un peu frais (12/13°) ou d'un Médoc voire d'un Saint-Emilion. Aussi étonnant que cela puisse paraître, ce sont des vins différents mais chacun apporte une touche intéressante à ce plat mi-jurassien, mi-briard.

Le lapin au vin de pommes

Si l'on considère que le terme de vin recouvre tout ce qui est boisson fermentée issue du pressage de fruit, alors le cidre entre dans cette catégorie.

Je n'en veux pour preuve que la découverte que j'ai faite chez un jeune producteur pur jus : Denis Mousseaux qui, sous l'enseigne du "Père Denis" élabore, met en bouteille et commercialise un vin de pommes (cidre non pétillant) qui titre 7° et ne contient pas de sucre ajouté.

Il appelle cela du cidre sec fermier non pétillant. Un cidre tranquille quoi. Comme il existe du champagne tranquille non pétillant. C'est un produit idéal pour cuisiner et je me suis empressé de l'essayer sur un lapin qu'autrefois je faisais au cidre mousseux.

Cela vous a une toute autre allure et des arômes exquis. Pour tout dire, je le préfère avec ce vin de pommes que cuit au cidre bouché. Affaire de goût peut-être... Mais c'est mon avis et je le partage comme dirait l'autre.

Pour 4 personnes

1 bouteille de cidre brut non pétillant
1 lapin de 1,300 / 1,400 kg
1 cuiller à soupe d'huile d'olive
200 gr de poitrine fraîche
250 gr de champignons (girolles ou bolets)
2 oignons
2 échalotes

1 gousse d'ail
1 bouquet garni
1 pincée de noix de muscade
Sel, poivre
1 kg de pommes de terre Roseval

Dans une vaste cocotte, mettre l'huile à chauffer.
Détailler le lapin en morceaux.
Faire saisir puis dorer les morceaux dans l'huile chaude.
Les retirer et mettre à réserver.
Couper la poitrine en lardons.
Peler oignons et échalotes et les émincer finement.
Mettre le tout à dorer dans la cocotte.
Quand les oignons sont devenus transparents, ajouter les champignons lavés et épongés.
Faire sauter ceux-ci vivement.
Remettre alors les morceaux de lapin. Mouiller avec la moitié de la bouteille de vin de pomme.
Saler, poivrer, musccader.
Ajouter l'ail et le bouquet garni.
Baisser la flamme pour que la cuisson se fasse à petits frémissements.
Couvrir à nouveau et laisser à mijoter pendant 3/4 d'heure.
Servir chaud.
Accompagner d'un vin de pommes frais à 9/10°

N.B. Le Père Denis est installé à Mazagran, Les Lupins 77510 Saint-Denis-les-Rebais. (publicité gracieuse)

Le lièvre au St-Joseph

Le premier lièvre de l'ouverture de la chasse est le meilleur. Et il convient de le cuisiner avec précaution et un peu d'originalité.

Voici une recette dégustée chez un chasseur-restaurateur de mes amis, qui doit aujourd'hui couler des jours heureux du côté de Noirmoutiers. Ses amis l'appellent Jacky. Un seigneur de la table qui sortait des bouteilles fabuleuses de derrière des fagots, quand il avait affaire à de bons et francs ripailleurs. Ses Saint Joseph et ses Montagny étaient à se mettre à genoux...

Voici l'une de ses recettes

Pour 6 personnes

1 lièvre coupé en morceaux
1 bouteille de St-Joseph rouge
500 gr de pruneaux
6 tranches de poitrine 1/2 sel
1 oignon et 2 gousses d'ail
1 bouquet garni (persil-thym-laurier-sariette)
1/2 cuillère à café de 4 épices
Sel, poivre, 2 cuillères à soupe d'huile d'olive

Faire tremper les pruneaux dénoyautés dans la moitié du St-Joseph pendant 2 heures.
Dans une cocotte, faire revenir les morceaux de lièvre à feu vif dans l'huile d'olive jusqu'à ce qu'ils soient dorés de tous les côtés. Garder au chaud.
Faire revenir dans la même cocotte les oignons hachés et la poitrine 1/2 sel coupée en morceaux. Remettre les morceaux de lièvre. Ajouter les pruneaux et le vin de macération, ajouter les épices, l'ail écrasé, le bouquet garni, saler, poivrer, couvrir. Faire cuire à petit feu pendant 2 heures.
Rajouter du St-Joseph de temps en temps si besoin est.
Boire un St-Joseph en dégustant ce plat qui peut être réalisé avec un garenne ou un lapin.

Liqueur au café

Ma regrettée grand-mère paternelle n'avait pas son pareil pour confectionner à la maison des liqueurs incomparables. Je me souviens de celle-ci bâptisée liqueur de café qu'elle réussissait à merveille pour le plaisir de la famille quand elle se réunissait chez elle à Pâques.

Pour 2 litres de liqueur
1 litre eau de vie 45°
200 gr café
1 gousse de vaniile
500 gr sucre
Un demi litre d'eau

Réduire très finement le café en poudre. Le verser dans l'alcool avec la gousse de vanille et laisser macérer pendant 3 à 4 semaines.
Faire ensuite un sirop en mettant le sucre et l'eau dans une casserole.
Laisser bouillir pendant 5 minutes.
Lorsqu'il est refroidi, l'ajouter à l'alcool. Laisser à nouveau déposer pendant une huitaine de jours puis tamiser soigneusement avec une mousseline avant de mettre en bouteille.

Liqueur de cassis

Toujours de ma grand-mère berrichonne, cette liqueur de cassis très familiale qu'elle avait du ramener de son retour en occupation en Allemagne après la guerre de 14 (mon grand-père étant officier de gendarmerie elle le suivait dans ses garnisons avec sa marmaille).

1500 gr de cassis
1 poignée de feuilles de l'arbre de cassis
1 morceau de cannelle
1 l de Schnapps
500 gr de sucre
1/8 de l'eau
2 à 3 clous de girofle.

Pendant 42 jours, laisser tous les ingrédients macérer dans l'eau de vie (excepté sucre et eau).
Après ces 42 jours, ajouter sucre et eau bouillie, filtrer. Ensuite mettre en bouteille.

Lotte au fenouil

La lotte de mer n'est pas jolie mais Dieu qu'elle est succulente à déguster.

Celle-ci accomodée au fenouil est un vrai régal.

Le fenouil cuit vapeur conserve tous ses arômes et son petit fond d'anis mêlé aux vapeurs de Bordeaux blanc (Graves) rehausse le plaisir de cette dégustation estivale.

Pour 4 personnes

800 gr lotte
2 échalotes
1 kg de fenouil
1 branche de thym
1 feuille de laurier
1/4 de litre de Bordeaux blanc
150 gr de crème fraîche
Sel, poivre
1 bouquet de persil
25 gr de beurre

Faire revenir à la cocotte au beurre les échalotes hachées.
Ajouter 1 fenouil coupé en petits dés.
Mettre la lotte, saler et poivrer.
Ajouter thym et laurier. Mouiller au vin blanc.
Laisser mijoter 1/2 heure envlron.
Rajouter si nécessaire un petit peu d'eau dans la sauce.
Une fois la lotte cuite, la réserver sur un plat de service chauffé.
Lier la sauce avec la crème fraîche et rectifier l'assaisonnement.
Servir le poisson nappé de la sauce, garni de petits bouquets de persil et entouré de fenouils cuits à la vapeur.

Lotte à la moutarde de Meaux

Dans cette Ile de France et plus précisément dans sa partie est, nous ne manquons pas de jolies et délicieuses maisons où l'accueil le dispute à la qualité des mets.

Ainsi chez Régine Cousin en son adorable Auberge du cheval Blanc à Varredes (77) où je me régalai un jour de cette sublime lotte à la moutarde de Meaux.

En voici la recette toute simplette mais délicieuse.

Pour 4 personnes

1 kg de lotte
1 dl de Sylvaner
1/2 l de crème
1 oignon
2 carottes
2 cuillers à soupe de moutarde de Meaux
Sel, poivre
Thym, laurier
2 échalotes

Laver les lottes et faire un fumet avec les arêtes, les carottes, l'oignon, le vin blanc, thym, laurier.
Couper les morceaux de lotte en escalopes et mouiller avec le fumet et les échalotes hachées, cuire au four 180°, 8 mn.
Après cuisson, réserver la lotte, laisser réduire le fumet jusqu'à 1/4 du volume, ajouter la crème, laisser réduire et y ajouter la moutarde de Meaux, saler peu et poivrer.
Dresser les lottes sur plat de service et napper de la sauce à la moutarde de Meaux.

Maquereaux au four à la meldoise

Contrairement à une idée reçue il n'y a pas que les muscadets et autres gros plant pour se mettre parfaitement en cuisine avec les produits de la mer.

Il arrive que l'on doive tempérer les saveurs salines d'un poisson par un vin moins agressif comme le chablis.

Ainsi ces petits maquereaux à la moutarde de Meaux trouvent-ils dans le Chablis toute la douceur bourguignonne propice à une dégustation savoureuse.

Pour 4 personnes

8 petits maquereaux
1 bouteille de Chablis
Huile d'olive
Moutarde de Meaux
5 échalotes grises
Sel, poivre
20 gr de beurre
Persil
1 œuf cuit dur

Les maquereaux frais étant vidés et soigneusemenl essuyés, les rouler dans une assiette au fond de laquelle on aura mis un bon verre d'huile d'olive.
On aura pris soin de saler et poivrer l'intérieur des maquereaux.
Allumer le four, thermostat 8.
A four chaud, placer les maquereaux sur la grille et les laisser dorer (10 à 12 minutes).
Pendant ce temps, faire revenir de l'échalote émincée (4 à 5), dans une noix de beurre.
Mouiller avec un filet de vinaigre et un demi verre de chablis.
Délayer dans cette préparation, une belle cuiller à soupe de moutarde de Meaux, en remuant jusqu'à incorporation complète.
Napper au moment de servir, les maquereaux de cette sauce et hacher du persil sur l'ensemble, auquel on pourra ajouter des œufs mimosa (jaune et blanc cuit dur, passés a la moulinette).
Se sert avec des pommes de terre au four ou simplement à l'eau.

La mousse au chocolat au Grand Marnier

Une recette de dessert pour se faire un petit plaisir chocolaté. Il s'agit d'une mousse au Grand Marnier. Tant il est vrai que cette liqueur se marie admirablement au goût du chocolat noir.

C'est une recette pour adulte à cause de l'alcool mais on peut en préparer pour les enfants en remplaçant le Grand Marnier par du jus de fruit sucré.

Pour l'heure préparons-nous à ce délice de dessert.

Pour 4 personnes

180 gr de chocolat noir (74 % de cacao)
2 cuillers à soupe de café soluble
20 cl de lait entier
2 œufs
5 cl de Grand Marnier
1 pincée de cannelle
10 cl de crème chantilly
Ecorces d'oranges confites au sucre

Dans une casserole mettre le lait avec le café à bouillir.
Quand le mélange bout, le verser dans le bol du mixer.
Y mettre le chocolat en morceaux.
Mixer pendant une minute.
Ajouter alors le Grand Marnier, les œufs, une pincée de cannelle.
Mixer à nouveau jusqu'à obtention d'une mousse bien homogène.
Répartir dans des ramequins individuels et mettre au réfrigérateur pendant 12 heures. Au moment de servir décorer avec un peu de chantilly sur laquelle on disposera en étoile des écorces d'oranges confites au sucre. Servir avec un Monbazillac frais ou un Rancio.

Mousse au cidre doux

Un dessert de gastronomme
Avec le cidre on peut tout faire, de l'entrée au dessert.
En voici un exemple... succulent et simple à réaliser.
Pourquoi s'en priver ?

Pour 4 personnes

1/2 l de cidre doux
3 oeufs
80 gr de sucre en poudre
Le zeste râpé d'un citron
40 gr de sucre glace

Faire bouillir le cidre pendant 1 mn. Lui ajouter le zeste d'un citron, couvrir et laisser infuser.
Dans un saladier travailler énergiquement les jaunes d'oeufs et le sucre jusqu'à ce qu'ils deviennent jaune paille.
Sans cesser de tourner, ajouter le cidre filtré.
Verser dans une casserole à fond épais et laisser cuire à feu très doux comme une crème anglaise, sans faire bouillir.
Retirer du feu et verser dans une jatte.
Battre les 3 blancs d'oeufs en neige très ferme, leur ajouter le sucre glace, puis les incorporer à la crème encore chaude. Servir tiède ou froid avec des fraises ou tout autre fruit rouge ou des quetsches pochées dans du cidre.

CIDRE
MOUSSEUX

Mousse de foies de volailles

Une entrée toute simple mais que l'on peut également, si l'on a des moules (ramequins) très petits servir en amuse bouche à l'apéritif.

Le cognac ne sert qu'à renforcer les arômes des foies et à les fixer. Mais il libère à la cuisson les siens ce qui s'apprécie d'autant mieux qu'ils ne couvriront pas ceux des autres ingrédients (plutôt en mettre moins que plus)

Pour 4 personnes

300 gr de foies de volaille
250 gr de crème fraîche
4 œufs
30 gr de beurre
3 cl de Cognac
2 pincées de 4 épices
Sel et poivre

Pour le coulis
1 kg de tomates
20 cl de crème fraîche

Préchauffer le four (thermost.5). Beurrer 6 ramequins.
Mixer ensemble tous les autres ingrédients : La préparation doit être presque liquide.
Répartir dans les ramequins, puis faire cuire au faire cuire au four -bain marie- pendant 40 minutes (th. 4-5).
Pendant ce temps. Faire bouillir un litre d'eau, y plonger les tomates pendant 30 secondes. Les égoutter, les éplucher les couper en deux et les épépiner. Les passer au mixer une minute.
Verser le coulis dans une casserole avec la crème fraîche. Faire cuire à feu doux trois minutes.
Saler et poivrer.
Demouler chaque mousse avec la lame d'un couteau.
Servir avec le coulis de tomates.

Le mulet au Vin gris

Le mulet se pêche à l'anglaise dans les estuaires ou dans les ports. C'est la pêche de l'estivant dans tout le midi.

Je me souviens d'une partie de pêche au Grau du Roi et de la dégustation de ce mulet au listel gris. Un délice !...

Pour 4 personnes

1 mulet de 2 kg
5 échalotes
1 gousse d'ail
30 gr de crème fraîche
150 gr de beurre
1/2 citron
1 litre de Vin gris
(Touraine, Listel, etc.)
1 bouquet garni, papier aluminium
100 gr de champignons de Paris

Vider le poisson. L'écailler et le laver à l'eau courante. Le disposer dans un plat long légèrement beurré.

Ajouter les échalotes émincées, quelques champignons de Paris émincés, 1 brin de thym, 1 feuille de laurier, 1 gousse d'ail écrasée.

Saler, poivrer.

Coucher le poisson sur cette préparation.

Mouiller avec le vin gris, conserver le reste de vin pour la sauce.

Couvrir le plat de papier aluminium.

Mettre à four chaud 1 heure environ en arrosant régulièrement avec le jus.

En fin de cuisson, réserver le mulet au chaud et faire réduire la sauce de moitié en ajoutant la crème fraîche.

Retirer du feu.. Ajouter 150 gr de beurre coupé en petits morceaux et remuer à la cuillère de bois.

Rectifier l'assaisonnement. Ajouter le jus d'un demi-citron.

Passer le tout au chinois.

Présenter le poisson sur un plat de service nappé d'une partie de la sauce. Présenter le reste en saucière.

Œufs à la dijonnaise

Cela n'a rien à voir avec les œufs en meurette dont j'ai donné la recette dans un précédent ouvrage mais cela permet si l'on ne sait pas le faire de s'en... approcher sur le plan de la présentation (c'est d'ailleurs très bon également) essayez.

Pour 4 personnes
4 œufs
2 cuillers à café de moutarde blanche
1 grand verre de Fixin
3 échalotes grises
1 bouquet de fines herbes (persil, cerfeuil ou estragon)
1 petit pot de crème fraîche,
Sel, poivre,
50 gr de beurre.

Peler et hacher les échalotes
Les mettre avec le vin blanc, dans une casserole, ajouter quelques fines herbes ; faire réduire sur feu doux.
Faire cuire les œufs 4 minutes à l'eau bouillante ; les écaler et les conserver au chaud (simplement dans de l'eau chaude).
Lorsque le vin a réduit de moitié, ajouter 3 cuillers à soupe de crème fraîche, faire légèrement réduire.
Retirer les fines herbes de la sauce puis, hors du feu, ajouter du beurre, petit morceau par petit morceau, en fouettant sans cesse.
Ajouter la moutarde, sel et poivre, toujours en fouettant.
Verser la sauce dans des ramequins, placer les œufs mollets coupés en deux, décorer de fines herbes et servir sans attendre.

Les oignons blancs glacés

Peler les oignons et les mettre dans une poêle avec 25 gr de beurre, le morceau de sucre, une pincée de sel et de l'eau à effleurer les oignons à leur partie supérieure. Couvrir la poêle avec une feuille d'aluminium et faire cuire.

Quand l'eau a réduit (environ 1/2 d 2/3), ôter la feuille d'alu et continuer la cuisson à découvert.

Les petits oignons glacés accompagnent divinement les petits pois cuits bien verts (eau chaude puis en fin de cuisson eau glacée), égouttés et remis à chauffer au beurre rapidement.

C'est tout simplement divin.

Servir avec un Madiran à 13-14° de température pas plus.

Les oignons en gratin au Grenache

Il arrive parfois que l'on oublie dans le bas d'un réfrigérateur ou pire dans la cave, une bouteille entamée d'un vin d'apéritif genre Grenache par exemple.

Voici une manière délicieuse d'accomoder ou d'utiliser ce reste plutôt que de le voir tourner et d'être contraint à le jeter.

Il s'agit d'un plat drôle et délicieux à la fois dont j'ai retrouvé la recette dans un vieux carnet de ... table.

C'est la recette des oignons en gratin.

Surprenant non ?

Attendez d'y avoir goûté. Vous m'en direz des nouvelles.

Pour 4 personnes

1 fond de bouteille de Grenache (50 cl environ)
Une trentaine d'oignons grelots
Sel, poivre
1 cuiller de farine
50 cl de lait
125 gr d'emmenthal râpé
Noix de muscade
20 gr de beurre

Mettre à bouillir le Grenache dans une casserole avec une pincée de noix de muscade.
Peler les oignons et les mettre à pocher pendant 15 minutes dans le Grenache.
Egoutter, mettre à réserver.
Beurrer un plat à gratin.
Disposer dedans les oignons cuits.
Dans une casserole mettre à fondre 15 gr de beurre.
Y mettre à cuire 1 cuiller de farine, mouiller avec le lait pour monter une sauce blanche, saler, poivrer, ajouter un peu du jus de cuisson des oignons. Y mettre à fondre le gruyère râpé.
Verser le tout sur les oignons.
Parsemer de petites noisettes de beurre.
Mettre à four chaud th. 6/7 pendant 15 à 20 minutes.
Quand le dessus est doré, sortir du four et servir chaud.
Formidable pour accompagner une côte de veau poêlée.
A déguster avec un Santenay par exemple.

L'omelette aux cerises et au Riesling

L'été c'est la pleine saison des cerises. Et cela me remet en mémoire deux délices : le clafoutis dont me régalait ma grand-mère, et l'omelette aux cerises que j'ai découverte un jour en Alsace.

En fait, on l'appelle omelette mais il s'agit bien plutôt d'une grosse crêpe que personnellement je cuisine comme une omelette.

C'est délicieux mais à la vérité pas très léger.

Ce n'est surtout pas cher.

Je vous en livre le, ou plutôt, les détails.

1 bouteille de Riesling
5 cl de kirsch
3 œufs
75 gr de farine fine
20 cl de lait
250 gr de cerises (Burlat, bigarreaux ou cœur de pigeon)
80 gr de sucre
1 pincée de sel
2 pincées de cannelle
50 gr de beurre

Dans un saladier, méler la farine, les 3 œufs (sans la coquille), une pincée de sel, 5 cl de kirsch un trait de Riesling.
Bien mélanger puis incorporer peu à peu le lait.
Equeuter et dénoyauter les cerises.
Les incorporer doucement à la pâte.
Dans la poêle à omelette ou à Crêpes, mettre 50 gr de beurre à fondre.
Verser l'omelette dans la poêle et laisser à dorer à feu vif.
On peut soit couvrir la poêle pour que le dessus cuise plus vite, et dans ce cas on repliera l'omelette dans le plat, comme une omelette ordinaire non sans l'avoir sucrée au préalable.
Sinon on fait cuire à découvert 5 m puis on retourne l'omelette comme une crêpe et on laisse à dorer l'autre face 5 mn.
Puis on sert sur un plat rond et l'on saupoudre de sucre avant de la couper en parts et de servir.
Accompagner d'un Riesling vendanges tardives frais.
Un dessert succulent. Et pas cher.

Omelette au Floc et foie gras

C'est vrai que désormais on peut se régaler de foie gras frais de canard, et même d'oie, toute l'année puisque l'on ne respecte plus trop les saisons en rien. Même si naturellement tous les animaux et à fortiori ces boulimiques volatiles se chargent plus en nourriture et donc en graisses à l'entrée et pendant l'hiver, afin de mieux résister au froid. Alors que pendant l'été ils perdent cette graisse et boivent plus qu'ils ne mangent.

Les foies n'ont d'ailleurs ni le même aspect, ni les mêmes saveurs au printemps, en été, à l'automne et en hiver. Ils n'ont pas non plus la même consistance, mais c'est là affaire de puriste.

Voici donc une recette d'omelette (il en va de même des œufs qui ne sont pas tout à fait les mêmes selon la saison, mais oui madame) au foie gras telle que j'aime à la réaliser pour mes amis les plus chers.

Afin de parfumer cette omelette lorsque je n'ai pas de truffe (là aussi il y a une saison pour cela) je me la fais au Floc blanc de Gascogne (un vin muté comme le Pineau des Charentes) (A ce propos on écrit Pineau pour ce vin apéritif mais Pinot pour le cépage dont il est issu, origine commune mais distingo subtil).

Pour 4 personnes

1 bouteille de Floc blanc
8 œufs
160 gr de foie gras mi-cuit

1 cuiller à soupe de graisse d'oie
10 cl de crème fleurette
Sel, poivre

Dans une jatte, battre les 8 œufs avec la crème fleurette, un trait de Floc de Gascogue blanc, sel et poivre (blanc).
Bien battre tous ces éléments au fouet à main.
Laisser reposer 1l4 d'heure.
Pendant ce temps, mettre dans une poêle large à fond anti-adhésif 1 cuiller de graisse d'oie à fondre à feu vif.
Quand la graisse grésille, verser dans la poêle le contenu de la jatte bien au milieu et laisser aller vers les bords.
En fin de cuisson, étaler sur l'omelette le foie en copeaux épais de 1 cm.
Faire alors glisser la moitié de l'omelette sur un plat long et chaud.
D'un mouvement du poignet rabattre l'autre moitié de l'omelette sur la première en portefeuille (on peut si l'on est habile la plier ainsi en 3, ce n'en est que mieux).
Servir chaud accompagné d'un Jurançon sec ou d'un Tursan blanc.

L'omelette aux pommes et Riesling Vendanges tardives

Une omelette originale et délicieuse en diable.

Elle ne nécessite que peu d'ingrédients et qu'un soupçon de tour de main.

En fait, il s'agit plutôt d'un dessert que l'on peut orner de mille et une façons pour le rendre plus agréable encore.

Comme cette recette me vient d'Alsace, elle nécessite l'emploi d'un vin du pays de préférence Vendanges tardives ou Vieilles vignes.

Ce sont des raisins toujours vendangés par tries et en surmaturation. Ce qui donne des vins moelleux voire un peu liquoreux.

Voici donc la recette que je tiens d'un parent alsacien qui excellait en cuisine et singulièrement dans le registre des desserts.

Pour 4 personnes

1 bouteille de Riesling Vendanges tardives ou Vieilles vignes
500 gr de pommes Reinette ou Reine des Reinettes
8 œufs frais (48 heures à 4 jours)
15 cl de lait
50 gr de beurre
100 gr de sucre en poudre
1 pincée de sel
Gelée de groseille

Battre les œufs dans une jatte au fouet avec 50 gr de sucre, le lait et une pincée de sel.
Peler et couper en rondelles les pommes.
Dans une vaste poêle mettre le beurre à fondre.
Y mettre les pommes à dorer.
Quand les pommes sont fondues, les asperger de sucre et faire légèrement caraméliser.
Mouiller alors avec un verre de Riesling.
Faire réduire à sec.
Verser dans l'omelette et faire cuire.
Quand l'omelette est prise sur le dessus, la faire glisser jusqu'à moitié sur un plat long. Replier en portefeuille.
Entourer d'un cordon de gelée de groseille.
Servir chaud avec le Riesling restant à température très fraîche (8-9°).
Un dessert délicieux et peu coûteux (hormis le Riesling vendanges tardives, qui n'est pas donné. Mais quelle splendeur !)

Omelette soufflée au Grand Marnier

Ce n'est pas la, mais une recette d'omelette soufflée au Grand Marnier. Tant il est vrai qu'il existe autant de manière que de chef ou de cuisinière. Un peu comme le couscous, la bouillabaisse ou le pot au feu. Chacun y met son cœur son savoir et ce qu'il a... sous la main.

Mais c'est garanti tout bon...

Pour 4 personnes

400 gr de sucre
8 œufs
2 oranges
250 gr de fraises
2 dl de Grand Marnier
30 gr de beurre

Laver, équeuter les fraises, bien les éponger, les mettre à macérer une heure dans un saladier avec 100 gr de sucre et les zestes d'orange et le Grand Marnier.

Après macération, les égoutter en réserver quelques-unes, passer le reste au tamis fin, afin d'obtenir une purée, la réserver au frais.

Travailler dans un bol 300 gr de sucre avec 6 jaunes d'œufs, jusqu'à obtention d'une composition "faisant le ruban". Diviser cette préparation en deux terrines :

Dans l'une y mélanger la purée de fraises.
Dans l'autre, y mélanger la macération aromatisée de Grand Marnier et les zestes d'oranges.
Battre 8 blancs en neige très ferme, les diviser dans les 2 terrines, les mélanger doucement, en coupant et en soulevant la composition avec la spatule de bois.
Dans un plat ovale beurré, saupoudré de sucre, dresser alternativement les 2 préparations, en forme de monticule ovale, en masquant le tout de l'appareil au Cointreau et zeste d'orange.
Prendre soin de réserver une petite partie dans une poche pour le décor.
Disposer des fraises sur le dessus.
Cuire dans un four de chaleur moyenne th. 4-5 (durée en fonction du volume de l'omelette).
Trois minutes avant de la sortir du four, saupoudrer de sucre glace pour que le sucre en fondant l'enveloppe d'une couche caramélisée.
Servir à part dans une saucière un caramel blanc chaud à l'orange, relevé au Grand Marnier.

Joyeuses Pâques !

La principale coutume de Pâques en Europe c'est celle des œufs décorés. L'origine en est fort ancienne. On a retrouvé des œufs, décorés en marbre et en coquille naturelle dans les tombeaux des premiers chrétiens.

Symbole de joie et de renaissance, l'œuf était interdit de consommation pendant le temps du Carême par l'église. C'est pourquoi à Pâques ils furent à l'honneur.

On les cuisait le vendredi saint et on les bénissait le samedi. Cette tradition fut très en vogue aux XVIIe et XVIIIe siècles.

Louis XIV et son petit-fils Louis XV les offraient peints en rouge, en ocre ou dorés à l'or fin à leurs courtisans et aux plus titrés de la noblesse.

Au Moyen Age, le jour de Pâques, les jeunes formaient des cortèges et avec tambours et trompettes vendaient les œufs de Pâques sur le parvis des églises en chantant des chants religieux.

A la Quasimodo, on faisait une gigantesque omelette appelée « La Paquette «.

Ce jour-là, on faisait faire le saut des poissonniers aux marchands de poissons qui s'étaient enrichis pendant le Carême. Cela consistait à leur plonger la tête dans la rivière ou la fontaine du village voire un baquet jusqu'à ce qu'ils demandent... "merci". Alors ils devaient « rincer « leurs clients de leur meilleur vin.

A Pâques, c'est le retour des cloches de Rome dans les clochers où elles se taisaient pendant les 3 jours saints.

Mais c'est aussi et plus bucoliquement l'époque de l'éclosion de ces humbles et jolies fleurs des champs qui ont pour nom les... pâquerettes.

Un peu trop fort de... ketchup

J'ai découvert une "manip" qui, non seulement me laisse pantois, mais de surcroît me donne des poussées d'adrénaline.

Figurez-vous que j'ai vu un car municipal déverser la valeur de trois classes de maternelle devant un Mac Donald.

Je n'interdis à personne d'aller manger les produits de la chaîne industrielle, c'est affaire de goût.

Mais justement à propos de goût, je m'interroge sur la motivation pédagogique qui pousse une école maternelle à emmener trois classes (y compris les enfants qui habituellement mangent chez leurs parents ou grands-parents, voire la voisine) pour les initier aux subtilités de la bouffe industrielle.

Quand je pense au refus du corps enseignant, dans certaines villes (dont celle en cause dans cette affaire) à la moindre participation à la semaine du goût, je ne m'étonne plus guère de cette « dichotomie » apparente, voire réelle, à propos de cette "classe de découverte" insolite.

Je trouve, pour ma part, un peu scandaleux que l'on traine des gosses dans ce genre d'établissement à cet âge-là. Libre aux parents de le faire individuellement. Mais, est-ce le rôle de l'Education dit nationale de pervertir le goût de nos enfants, au lieu de l'ouvrir à une cuisine plus naturelle et plus agréable ?

Après cela, on s'étonnera de voir notre agriculture péricliter, nos restaurants se vendre aux exotiques de toute provenance et nos concitoyens perdre le goût du beau, du bon et du sain.

On m'excusera, mais je ne m'y ferai jamais.

Tant pis si je m'aliène les promoteurs de cette opération de mauvais goût mais cela me reste par trop sur... l'estomac.

N.B. : par respect pour cette noble institution qu'est l'Education nationale, je n'ai pas cité l'école en question, mais je suis formel. D'autant que parmi les "invités" à ce "festin" plus que contestable sur le plan du goût et de la diététique pure figurait l'un de mes petits-enfants.

L'Oxtail au Vin jaune

Tout le monde croit que l'oxtail potage préparé avec de la queue de bœuf et du Xérès (délicieux quand c'est un Français qui le prépare) est d'origine anglaise puisqu'il en porte le nom.

Il paraît qu'avant la Révocation de l'Edit de Nantes, on ne le connaissait pas sur l'île de Sa Gracieuse Majesté. Mais que lorsque les immigrants protestants français y abordèrent, ils ne durent de survivre, malgré leur pauvreté, qu'à l'invention de ce potage par l'un d'eux, employé de boucherie à Londres.

A l'époque, les bouchers livraient les peaux avec la queue aux tanneries. Les employés français prélevaient au passage la queue et en faisaient des potages avec des légumes dans le bouillon et une brunoise de petits légumes puis ils mettaient le tout au four non sans y avoir ajouté un peu de Xérès. Quand ils avaient pu en subtiliser dans la cuisine du chef...

En voici une recette très... héxagonale mais très proche de " l'anglaise" ramenée par nos protestants après leur retour...

Pour 4 personnes

Un peu de Vin jaune
(c'est vraiment le frère du Xérès)
1 queue de bœuf détaillée en morceaux

100 gr de beurre
1 carotte
1 oignon
1 gous~se d'ail
1 branche de céleri
1 navet
1 céleri rave
1 chou vert
4 pommes de terre
1 bouquet garni
Sel, poivre

Gratter la carotte et la détailler en brunoise (hachée en tous petits dés).
Peler l'oignon, le hacher menu, peler l'ail, l'écraser, éfiler la branche de céleri et la détailler en brunoise.
Peler le navet, la couper en 4.
Peler le céleri rave et le détailler en 8 morceaux.
Débarrasser le chou de ses feuilles vertes et couper le cœur en 4.
Peler les pommes de terre et les couper en 2.
Faire réduire et brunir !es petits légumes hachés dans 40 g de beurre.
Ne pas laisser noircir.
Quand la brunoise est belle, saler, poivrer et mettre à réserver dans une passoire.
Dans le jus de cuisson, ajouter 30 gr de beurre et y mettre à saisir la queue de bœuf sur tous les côtés de tous les morceaux.
Quand ceux-ci ont pris couleur, mouiller avec de l'eau jusqu'à couvrir.
Laisser monter à petite ébullition.

A ce moment, ajouter les légumes (navets, céleri rave, chou, pommes de terre).
Ajouter la brunoise et assez d'eau pour arriver à ras des ingrédients.
Mettre le bouquet garni. Arroser avec un verre de vin jaune.
Mettre à four chaud (th. 5-6) et laisser à cuire doucement pendant 1 h 3/4 à petits bouillottements.
Arroser fréquemment pour éviter que les légumes ne noircissent.
Couvrir et laisser encore au four pendant 1/2 heure (th. 4).
Servir bien chaud.
On peut réchauffer le reste en ajoutant un peu d'eau et en laissant mijoter au four pendant 1/2 heure. C'est, paraît-il, encore meilleur.

Les pâtes aux coques et au Sancerre

Parmi les coquillages dont on peut se régaler de manière originale, il y a les coques qui ne sont pas des petites Saint-Jacques, mais des bucardes. On les désigne parfois sous le vocable d'huître du pauvre ou de Sourdon. La coque se pêche à l'embouchure des fleuves. Son seul inconvénient, c'est qu'elle est toujours sableuse. Il faut donc laver pendant une heure les coques dans de l'eau froide très salée (26 à 30 %). Pour ce faire, on met les coques dans un saladier et celui-ci posé dans un seau rempli d'eau salée.

Les coques s'ouvrent et crachent leur sel. Après une heure, il suffit de relever le saladier et de faire cuire les coques.

Voici une recette venue en droite ligne de Toscane mais adaptée à notre culture gastronomique hexagonale.

Il s'agit tout bonnement des pâtes aux coques et au Sancerre.

Pour 4 personnes

1 bouteille de Sancerre blanc
250 gr de pâtes
3 litres de coques
80 gr de gruyère râpé
30 gr de beurre
30 gr de farine
1 bouquet
1/8e de concentré de tomate

1 échalote
Sel, poivre Cayenne

Dans un faitout, mettre l'échalote pelée et hachée avec 10 cl de Sancerre et le bouquet garni.
Mettre à feu vif.
Jeter dans le faitout les coques lavées.
Dès que les coques sont ouvertes, les ôter et les décoquiller, sauf une vingtaine que l'on gardera entières.
Dans un linge fin, tamiser le jus de cuisson que l'on mettra à réserver.
Ajouter la valeur d'un verre d'eau chaude (10 cl).
Dans une casserole mettre le beurre à fondre doucement.
Dès qu'il est fondu, y jeter la farine. Bien mêler et ajouter le jus de cuisson des coques.
Mettre dedans 1/8e de concentré de tomate.
Saler. Poivrer. Une pincée de Cayenne.
Fouetter jusqu'à ébullition. Laisser ensuite mijoter sur feu doux.
Faire cuire les pâtes à l'italienne (dans beaucoup d'eau salée, couvrir d'un linge dès le retour à ébullition et mettre un couvercle. Couper la flamme. Laisser 15 minutes avant d'égoutter).
Mettre les pâtes dans un plat creux. Ajouter les coques et la sauce. Bien mélanger avec le gruyère râpé. Servir très chaud.
Accompagner du restant de Sancerre frais mais pas trop (12-13°) ou alors d'un Gris de Toul à 10-11°, ou encore d'un Tavel à même température.

Les paupiettes de veau au Montlouis nature

Je ne suis pas un inconditionnel des farces. j'aime la blague mais beaucoup moins les hachis dont on farcit certains mets. Peut-être parce que je me méfie de leur composition dans les laboratoires inconnus.

Par contre chez soi, on sait exactement ce que l'on y met. Et alors là cela relève de l'art des mariages de substances et des unions des arômes.

Il y faut une part de génie au service d'un tour de main personnel.

Et la moindre farce peut devenir un mets inégalable si la maîtresse de maison y a mis son cœur, son savoir et toute son expérience.

Mais comme en tout... on est savant en rentrant de l'école. Et donc voici une recette que me révéla dans mon jeune âge, ma bonne grand-mère, fin cordon bleu. Inégalable professeur du bien cuisiner.

Il s'agit tout bonnement, tout simplement, de la commune mais géniale, paupiette de veau.

Cette paupiette je me la prépare avec des champignons de Paris blonds et un vin blanc : un Montlouis nature.

En voici la recette telle que l'on peut se la préparer chez soi avec toutes chances de s'en regaler vraiment.

Pour 4 personnes

1 bouteille de Montlouis nature
(ou un Touraine blanc sec)
4 escalopes de veau larges et minces
250 gr de champignons blonds de Paris
250 gr de chair à saucisse
1 échalote grise
50 gr de beurre
Noix de muscade
Sel, poivre
Persil plat
Farine

La farce :
Couper les queues des champignons.
Laver soigneusement les champignons, les essorer.
Les hacher finement.
Peler et hacher l'échalote grise.
Dans une casserole mettre 20 gr de beurre à fondre. Y faire fondre le hachis de champignons et échalote à couvert.
Saler, poivrer.
Quand les champignons ont bu leur eau, y ajouter la chair à saucisse, un peu de persil haché, 10 cl de vin, sel, poivre, noix de muscade râpée.
Bien mêler le tout à la fourchette. Faire revenir à feu doux.
Oter la casserole du feu. Bien malaxer la farce.
Mettre un quart de cette farce au milieu de chaque escalope.
Replier celles-ci sur elles-mêmes en quatre pour bien enfermer la farce.
Lier avec une ficelle chaque paupiette.

Les paupiettes
Dans une cocotte en fonte mettre le beurre restant à fondre.
Rouler les paupiettes dans la farine puis les mettre à dorer dans la cocotte.
Quand elles sont dorées sur tous les côtés, mouiller avec 10 cl de vin blanc.
Laisser revenir à ébullition.
Couvrir et laisser à cuire à feu doux pendant 15 minutes.
Saler, poivrer. Retourner les paupiettes. Saler, poivrer l'autre face.
Couvrir à nouveau et laisser à mijoter pendant encore 15 minutes.
Servir chaud avec des pâtes fraîches ou des petits pois paysanne.
Accompagner du même vin que pour la préparation mais à 8/10° de température.
Ça c'est bon et la farce est naturellement délicieuse.

Les pêches rissolées au Bonnezeaux

En été, les pêches blanches sont à la fête. EIles sont de la fête.

Un dessert sublime de douceur et de fraîcheur. La pêche se marie fort agréablement avec le vin blanc et plus particulièrement avec celui d'Anjou.

Avec le délicat parfum de la menthe fraîche cela donne une union délicieusement coquine.

Je n'en veux pour preuve que les pêches rissolées au Bonnezeaux (si vous avez la chance de trouver celui de la vigne de Gaston Lenôtre, le célèbre pâtissier-traiteur n'hésitez pas).

Servi avec un sorbet à la menthe fraîche et accompagné d'un Anjou pétillant, élaboré comme en Champagne, mais bien moins onéreux, cela constituera un dessert princier sinon... royal.

Pour 4 personnes

1 bouteille de Bonnezeaux
8 pêches blanches
100 gr de beurre
210 gr de sucre en poudre
8 branches de menthe fraîche
10 cl d'eau

Le sorbet :
Dans une casserole mettre 10 cl d'eau avec 200 gr de sucre en poudre.
Porter à ébullition.
Prélever 12 feuilles sur les branches de menthe et les mettre à réserver au froid.
Mettre le reste à infuser dans le sirop.
Couvrir et retirer du feu. Laisser infuser 15 minutes.
Passer cette infusion et la mettre en sorbetière.
Mettre la sorbetière dans le congélateur et laiser à prendre. Si l'on n'a pas de sorbetière électrique, fouetter dans le bac de temps en temps.

Les pêches :
Peler les fruits. Les mettre à réserver.
Dans une sauteuse mettre assez de beurre à fondre.
Quand le beurre est clair, y mettre une à une les pêches à rissoler sur toute les faces jusqu'à coloration.
Jeter en pluie 10 à 15 gr de sucre. Faire caraméliser.
Déglacer avec 20 cl de Bonnezeaux.
Faire réduire de moitié. Verser dessus 10 cl d'eau chaude. Couvrir.
Laisser à cuire à feu moyen pendant 10 minutes.
A ce terme, oter les pêches et les réserver au chaud.
Faire réduire d'un quart le jus de cuisson à découvert.
Au fouet y incorporer le beurre restant par petits copeaux (à feu doux).
Sur chaque assiette placer 2 pêches, napper de la sauce.
Au moment de servir ajouter une boule de sorbet.
Décorer avec 3 feuilles de menthe fraîche.
Servir avec des cigarettes russes. Accompagner d'un Anjou pétillant frais (9-10°)

Perdreaux du voyageur

Notre pays recèle des terrains argileux, c'est bien connu. Voici une recette, un peu folle, qui m'a été enseignée par des gens du voyage, mais que j'avais eu l'occasion de déguster chez des paysans bien sédentaires.

Chez les gens du voyage, on l'appelle « perdreau du voyageur «et chez les paysans « perdreau du trimardeur « ou encore « perdreau en brique «.

En plein air, on creuse une fosse dont on tapis le fond de cailloux ronds, genre galets, sur lesquels on fait brûler du bois jusqu'à obtenir de la braise en quantité.

Dans les fermes, on se sert du four à pain ou de celui de la cuisinière.

Mais dans l'un ou l'autre cas, on utilise de la glaise, un vin blanc de Touraine et un alcool brun (Armagnac ou vieille prune voire Calvados vieux)

Je vous la livre pour confection à la maison. Mais ne vous laisserai pas sur votre faim pour celle en plein air.

Pour 4 personnes

4 jeunes perdreaux
1 bouteille de Touraine blanc
(Vouvray ou Amboise)
Alcool brun (Armagnac, Calvados, vieille prune)
Un seau d'argile verte

Vider les perdreaux sans les plumer.
Faire 4 mottes d'argile et les travailler en y incorporant dans chacune 1 verre de vin et 5 cl d'alcool brun.
Bien malaxer ces mottes jusqu'à imprégnation totale.
Envelopper chaque perdreau avec chaque motte d'argile (la couche doit être d'environ 2 cm uniformément autour de chaque oiseau).
Mettre le four à préchauffer (th. 9).
Quand le four est à température, mettre les boules de perdreaux englaisés pendant 1/2 heure.
Quand l'argile est cuite ôter les perdreaux et casser les gangues. Les plumes viendront avec.
Régalez vous de ces oiseaux-là avec un Touraine rouge ; Un Bourgueil fera parfaitement l'affaire.
Si vous voulez essayer la recette des gens du voyage. C'est simple.
Quand les braises sont faites sur les pierres, placer les perdreaux englaisés, les recouvrir de brindilles et de mottes d'herbe avec la terre.
1/2 heure de cuisson ainsi suffisent.
C'est surprenant la première fois, mais succès garanti pour une « partie « entr'amis, si le temps et... l'ouverture le permettent.

Les perdrix chalonnaises aux choux

Ah la bonne vieille perdrix aux choux ! C'est un mets de chasseur certes mais quel plat !

Bien sûr il existe mille et une manières de préparer cet oiseau. Selon la région, la saison et surtout la cuisinière.

Que ceux qui n'ont que des perdreaux gris sous la main ne se lamentent pas.

La perdrix rouge ne régale que les chasseurs du sud de la Loire dit-on. Mais il faut savoir que le perdreau devient perdrix après la Ste-Lucie (13 décembre).

Quoi qu'il en soit, ainsi préparé, ce plat nécessite un oiseau plus charnu qu'un pouillard de dernière couvaison en début de saison.

Voici une recette, du moins la recette telle que je l'ai apprise, retenue et souvent.... dégustée.

Pour 4 personnes

1 bouteille de Buxy blanc
(ou blanc de la Côte chalonnaise)
2 belles perdrix
200 gr de lard maigre frais
2 saucisses de Montbéliard
ou un saucisson de Morteau
2 choux blancs
2 oignons

2 carottes
30 gr de beurre
1 cuiller de farine
Sel, poirvre
1 dé à coudre de Marc de raisin

Oter le gros du trognon de chou et les premières feuilles fanées ou flétries. Couper les choux en 4.
Blanchir les choux pendant 3 minutes dans de l'eau claire bouillante. Oter les choux. Les mettre à réserver.
Saler. Poivrer les perdrix. Les barder finement de lard. Les brider.
Dans une cocotte, mettre le reste du lard détaillé en lardons à dorer dans 30 gr de beurre. Y mettre les perdrix à dorer sur toutes les faces.
Peler et émincer les oignons. Gratter et détailler les carottes en julienne.
Arroser les perdrix avec le Marc.
Flamber complètement. Ajouter alors oignons et carottes. Faire prendre couleur. Poudrer avec une cuiller de farine. Faire dorer celle-ci.
Mouiller avec la moitié de la bouteille de Buxy. Saler, poivrer. Laisser monter à ébullition. Oter les perdrix. Mettre dans le fond de la cocotte la moitié des choux. Remettre les perdrix, couvrir avec le reste des choux.
Couvrir la cocotte et mettre à four chaud (th. 6 pendant 1heure et demie).
Ajouter alors les saucisses de Montbéliard et laisser cuire encore à couvert pendant 45 minutes.
A ce terme, détailler les saucisses en morceaux. Détailler chaque perdrix en deux.
Servir sur un lit de choux et de légumes accompagné d'un Buxy rouge (avec modération).

Pigeon au cidre

En d'autres temps on aurait réalisé cette recette avec des pigeonneaux (des oiseaux qui n'ont pas encore quitté le nid) mais allez donc en trouver sur les marchés ?...

On se contente donc de jeunes pigeons aux ergots tendres et à la chair très souple.

Mais c'est déjà un régal.

Pour les âmes moins sensibles, essayez avec de vrais pigeonneaux... c'est royal !

Pour 4 personnes

25 cl de cidre doux
2 jeunes pigeons
50 gr de beurre
5 cl e bonne eau de vie (calvados)
1 orange
1 cuiller à soupe de caramel liquide ou cristallisé
1 cuiller à café de jus de citron
4 échalotes
1 dl de jus d'orange
Sel, poivre, une pincée de poivre de cayenne

Pour la garniture : 2 oranges

Faire revenir les pigeons (assaisonnés intérieurement), dans du beurre avec les échalotes hachées.
Lorsqu'ils sont dorés, les flamber. Lever le zeste d'une orange, le tailler en fine julienne, le faire blanchir 3 mn à l'eau bouillante, le rafraîchir à l'eau froide.
Détailler les 2 oranges en quartiers. Retirer les pigeons de la sauteuse enlever s'il y a lieu une partie de la graisse, ajouter le caramel, le cidre, le jus d'orange, le jus de citron et faire réduire de moitié à feu doux.
Puis assaisonner et relever d'une pointe de cayenne.
Remettre les pigeons et les quartiers d'orange, laisser finir de cuire.
Dresser les pigeons sur le plat de service entourés de quartiers d'orange.
Parsemer de zestes d'orange.
Napper d'un peu de sauce. Servir le reste en saucière.
Décorer avec les oranges préparées en paniers.

Les poireaux au Cahors

D'un voyage superbe en Quercy, j'ai rapporté plein de recettes sublimes. Ainsi, ces poireaux au Cahors, que du côté de Payrac on appelle les « porrets al vin roge «.

Pour une fois, une fois n'est pas coutume, je ne vais pas vous donner la recette pour 4 mais pour 5 personnes si c'est un plat principal, pour 10 s'il s'agit d'une entrée.

Mais j'en connais qui à quatre font la fête à ce plat délicieux autant qu'original.

Pour 4 à 10 personnes

3 bouteilles de Cahors (Château Haut-Serres)
2,4 kg de poireaux
3 oignons
2 gousses d'ail
250 gr de carottes
150 gr de poitrine fumée
10 œufs
Farine
Thym laurier
30 gr de beurre
Noix de muscade
10 tranches de pain Poilane

Peler les oignons. Les émincer finement. Peler l'ail.
Gratter les carottes et les hacher en julienne. Couper la poitrine en petits lardons.
Dans une sauteuse mettre le beurre à fondre à feu vif. Faire dorer l'oignon, les carottes et la poitrine fumée.
Jeter en pluie 4 cuillers de farine. Mouiller avec le Cahors. Saler, poivrer, muscader. Ajouter le thym et le laurier. Laisser à mijoter pendant 20 minutes. Eplucher. Laver et couper les poireaux (le blanc) en deux dans le sens de la longueur. Attacher ceux-ci par paquets 5 ou 10. Mettre ceux-ci dans la sauteuse.
Couvrir et laisser cuire à bouillottement pendant 1 heures 1/2.
A ce terme ôter le couvercle. Casser les œufs un à un dans la sauteuse en les espaçant bien.
Faire dorer le pain poilane et le frotter à l'ail.
Sur chaque tranche disposer une petite botte de poireaux et 1 œuf poché.
Napper de la sauce.
Servir chaud avec le même Cahors : un Château Haut-Serres de 6 ans. Sublime.

Les poires au Beaujolais nouveau

L'automne : c'est la belle saison des poires. On en trouve de toutes sortes et elles sont succulentes et juteuses.

La fin de l'automne c'est aussi l'arrivée le 3ème jeudi de novembre du célébrissime Beaujolais nouveau.

Amusons-nous et régalons-nous de ces poires au Beaujolais nouveau. Une façon délicieuse de fêter ce vin spirituel sans prétention autre que de nous esbaudir.

Mais comme le vin est une boisson de patience ce dessert succulent met à l'épreuve la nôtre. Car il convient de le préparer au moins la veille et de ne s'en régaler que le lendemain, voire le surlendemain.

Mais quel enchantement.

En voici la recette "tirée" ou plutôt soutirée chez un vigneron de La Chappelle de Guinchay, un certain mercredi précédent le 3e jeudi fatidique quand, après les expéditions, nous attendions minuit pour ouvrir les premières bouteilles... officielles.

Pour 4 personnes

1 bouteille de Beaujolais nouveau
4 belles poires comice ou passecrassane
130 gr de sucre en poudre
1/2 citron
1/2 orange
1 clou de girofle

8 grains de poivre blanc
1 pincée de cannelle
100 gr de crème fraîche
200 gr de couverture de chocolat (ou de chocolat à cuire)

Tout d'abord peler les poires sans en ôter les queues. Dans une cocotte mettre la bouteille de Beaujolais nouveau avec le sucre, le clou de girofle, la cannelle, les 10 grains de poivre, le jus du 1/2 citron et celui de la 1/2 orange. Porter à ébullition pendant 5 minutes.
Y plonger les poires. Laisser à cuire ainsi pendant 15 minutes, laisser ensuite reposer.
Dans un plat à four, disposer les poires, la queue en l'air sans qu'elles se touchent.
Ajouter le jus passé au tamis sur les poires. Si besoin est ajouter un 1/2 verre d'eau. Mettre à four chaud (th.4-5) pendant 30 minutes.
Laisser refroidir doucement. A mettre au réfrigérateur pendant 24 heures.
Au moment de servir fouetter la crème fraîche bien ferme.
Faire fondre le chocolat dans une casserole.
Disposer dans une coupe par personne une poire.
La mouiller avec du jus.
L'envelopper de chocolat chaud. L'accompagner d'une cuillère de crème fouettée dure.
Servir avec une cigarette russse ou un gateau sec.
Accompagner d'un Beaujolais nouveau frais (9-10°).
Simple et succulent.

Pommes soufflées au cidre

Voici un dessert élaboré mais pas compliqué du tout. Il suffit d'un peu d'attention et l'on aura réalisé là un mets tout ce qu'il y a d'impérial, de joli et de succulent.

Cela met les enfants en joie et les plus âgés en état de péché de gourmandise car il en... redemandent.

Pour 4 personnes

4 très grosses reinettes ou grany
1 verre de cidre sec
500 gr de petites pommes
1/2 pot de marmelade d'abricots
2 blancs d'œufs
Sucre glace.

Laver et essuyer les 4 grosses pommes, les évider en forme de coupes assez creuses, conserver la pulpe retirée.
Eplucher les petites pommes, les couper en dés. Ajouter la pulpe retirée des 4 grosses pommes et faire cuire avec 1 verre de cidre sans y ajouter de sucre.
Lorsque cette compote est cuite, la mélanger avec la marmelade d'abricots et passer le tout au tamis ou au mixer, cette préparation doit être très épaisse.

Battre les blancs en neige très ferme, les incorporer très délicatement à la marmelade, sans battre ni toumer mais en soulevant et en coupant le mélange. En remplir les grosses pommes, les saupoudrer de sucre glace.
Allumer le four therm. 8.
Beurrez un plat dans lequel on place les pommes, les faire cuire 8 à 10 mn à four bien chaud. Servir dès la sortie du four.

Poularde de Bresse à la briarde

Cette recette là m'a été offerte par mon excellent ami Pascal Tingaud (l'Auberge de Condé à la Ferté-sous-Jouarre 77) digne successeur de la tradition familiale (Emile Alexis le grand-père, Jean-Claude son papa) élève des Troisgros et autre Pic, l'un des très bons jeunes restaurateurs d'Europe. Pour tout dire un chef d'une rare lucidité, inventif dans le respect des traditions. Génial dans la créativité.

Merci Pascal pour cette dernière recette.

Pour 4 personnes

1 poularde de bresse de 1,800 kg à 2 kg
500 gr de carottes
1/2 litre de crème
150 gr de beurre
2 oignons, persil, poivre
4 cuillers de moutarde de Meaux
1 bouteille de cidre brut

Tourner les carottes en forme d'olive et les cuire.
Flamber et vider la poularde.
La couper en huit morceaux.
Réserver les abattis et la carcasse pour faire le fond blanc.

Dans du beurre et de l'huile faire revenir à blanc les oignons et les parures de carottes ajouter la poularde, la faire sauter sans la colorer, mouiller au cidre et faire cuire 10 minutes.
Ajouter le fond blanc.
Aussitôt la poularde cuite, la retirer.
Faire réduire la cuisson, la lier avec la crème et le beurre.
Incorporer la moutarde de Meaux, les carottes cuites, les morceaux de poularde.
Laisser mijoter quelques minutes. Rectifier l'assaisonnement.
Dresser sur un plat.
Parsemer de persil.
Servir très chaud.
Vin : Bouzy (vin nature de champagne).

Poulets Caraïbes

Cette recette m'a été enseignée par une « doudou « antillaise lors d'un séjour aux Caraïbes.

Elle cuisinait comme personne et nous régalait de plats typiques qu'elle agrémentait selon sa fantaisie. Et Dieu sait si elle n'en manquait pas !

Les Antilles françaises n'ont pas que le soleil, les mers, les cocotiers et le rhum, à offrir aux touristes. Leur gastronomie mériterait à elle seule le voyage car contrairement à une idée reçue il ne suffit pas d'épicer un plat pour qu'il ait la... couleur locale.

Certaines préparations requièrent connaissance, choix des produits, tour de main, patience et science des goûts et des arômes. C'est assez dire si la cuisine antillaise vaut que l'on s'en délecte.

J'en ai quelques souvenirs gustatifs et des recettes que parfois avec nostalgie je me fais. Apportant ainsi un peu de soleil dans mon assiette et dans mon cœur.

Voici une recette de poulet caraïbe très simple et que l'on peut réussir en métropole sans problème (comme on dit là-bas : " Ya pas ni problème...").

Pour 4 personnes

2 petits coquelets
20 cl Bordeaux blanc sec
120 gr de beurre

Rhum blanc agricole cœur de chauffe
Bananes vertes
Coriandre
Sel, poivre
1 piment rouge

Découper le poulet en morceaux.
Dans une casserole mettre le beurre à fondre.
Y faire dorer les morceaux de poulets.
Arroser de rhum blanc et flamber.
Saler. Poivrer. Ajouter une pincée de coriandre.
Mouiller avec 20 cl de vin blanc sec de Bordeaux.
Couvrir et laisser à mijoter à feu doux pendant 1 heure.
Peler les bananes et les couper en rondelles.
Faire bouillir de l'eau avec 1 piment dedans.
Quand l'eau bout, ôter le piment, le couper en lanières puis en hachis grossier et mettre ces morceaux dans la cocotte avec le poulet.
Dans l'eau bouillante, plonger les rondelles de banane pendant 3 minutes.
Les égoutter et les placer sur un plat chaud au bord tout autour.
Placer au milieu les morceaux de poulet et napper le tout avec la sauce de cuisson.
Servir avec un riz créole légèrement safrané.
Accompagner d'un Bordeaux blanc sec bien frais.

Poulet au citron

Le poulet au citron nécessite du Jurançon et du Rancio deux produits du Sud-Ouest que j'affectionne particulièrement. Du coup prendre un poulet landais à cou nu. C'est une excellente volaille pour peu qu'elle ait vécu en plein air.

Un gros poulet ou deux plus petits.
Deux verres de Jurançon
Deux verres de Rancio
Deux sachets de gelée.
Sel, poivre, paprika.
Huile d'olive (trois cuillers).
Estragon, citron.

Couper le poulet en morceaux.
Huiler les morceaux. Ranger dans un plat à feu ces morceaux. Saler, poivrer.
Mettre un peu de paprika entre chaque morceau, déposer des rondelles de citron.
Mettre au four Th. 7 pendant un quart d'heure pour faire dorer.
Badigeonner encore d'huile. Ajouter le vin blanc et un verre de Rancio et finir à feu plus lent. Laisser refroidir, disposer dans un plat à tarte les quartiers de volaille et les rondelles de citron en serrant bien.
Laquer les morceaux de volailles en versant une première couche de gelée préparée à l'avance en la parfumant avec un verre de Rancio.
Disposer quelques feuilles d'estragon puis laisser prendre et repasser plusieurs couches de gelée.

Poulet au Floc

Une recette au Vin muté, c'est-à-dire un vin dont on a arrêté la fermentation en y incorporant du Marc de raisin du pays.

Il s'agit cette fois d'un poulet au Floc de Gascogne rouge.

Pour bien réussir cette recette, il convient d'employer un poulet landais dit à « cou nu" C'est un animal à chair bien colorée et ferme qui se tient bien à la cuisson et à un goût de poulet. Pour peu qu'il ait vécu en liberté, ce qui est souvent le cas dans la région de Dax, d'où j'ai ramené cette recette.

Personnellement, je préfère employer de jeunes poulets de 800 gr plutôt que de gros animaux. La cuisson en est plus rapide et la chair plus moelleuse.

Quant au Floc de Gascogne, mieux vaut utiliser le Floc rouge que le rosé ou le blanc. Parce qu'il est plus chaleureux et tient mieux à la cuisson.

Pour 4 personnes

2 poulets de 700 à 800 gr
1 bouteille de Floc rouge de Gascogne
(on peut employer du Pinot des Charentes)
120 gr de beurre
1cuiller d'huile de noix
25 cl de crème liquide
2 œufs
Sel, poivre, muscade
Persil

Détailler les poulets en morceaux.
Dans une cocotte en fonte, mettre à fondre 120 gr de beurre et 1 cuiller à soupe d'huile de noix.
A feu doux, mettre les morceaux de poulets dans la cocotte.
Saler, poivrer, muscader.
Couvrir.
Laisser cuire doucement en retournant les morceaux de temps en temps.
Quand les morceaux sont cuits, les prélever et les mettre sur un plat creux chaud à réserver au four.
Déglacer le jus dans la cocotte avec un bon verre de Floc de Gascogne rouge.
Faire réduire à feu vif. Verser dans la cocotte la crème liquide. Fouetter jusqu'à épaississement.
Hors la flamme, incorporer les jaunes des œufs en fouettant bien la sauce.
Rectifier l'assaisonnement
Napper les morceaux de cette sauce et parsemer de persil haché.
Accompagner de pommes de terre sautées à cru.
Servir avec un Bergerac (en quantité raisonnable bien sûr).

Poulet aux girolles et au Pouilly fumé

Mon ami Edouard Trehet fût l'un des plus fameux lauréats de la Foire d'Arpajon. C'était un grilladin hors pair et il a tenu avec succès jusqu'à sa retraite le Grillade à Claye Souilly où l'on venait de fort loin s'y régaler de ses mets superbes.

Un poulet aux girolles et au pouilly fumé était un enchantement que je veux ici vous faire partager.

Pour 4 personnes

1 poulet de 900 gr
Girolles 400 gr
4 Jaunes d'œufs
3 cuillers à potage de crème fraîche (5cl)
3 dl de Pouilly fumé

Découper le poulet en 8, faire revenir les morceaux au beurre, dans une sauteuse. Saler, poivrer.
Faire cuire à feu doux pour éviter qu'ils ne se colorent trop.
Ajouter une brindille de thym, couvrir la sauteuse et laisser mijoter.
Nettoyer les girolles, les passer les une à une sous le robinet .
Bien les égoutter, les couper en 2, les faire suer au Pouilly.
Lorsque le poulet est cuit, retirer les morceaux de la sauteuse.
Déglacer au Pouilly le jus de cuisson du poulet, remuer avec précaution, ajouter crème et girolles, laisser chauffer un instant.
Verser le tout sur les morceaux du poulet et servir aussitôt.

Vin conseillé : Sancerre rouge ou Pouilly fumé frais.

Le poulet à la moutarde de Meaux et au vin de champagne

Si vous avez la chance ou la connaissance pour avoir un vrai poulet de ferme élevé en plein air et ayant disposé tout au long de sa vie de suffisamment d'espace et de verdure pour n'avoir point besoin d'alimentation artificielle, c'est à dire un solide oiseau aux chairs colorées et aux os bien formés, faites-vous le régal d'un poulet à la moutarde de Meaux et au vin blanc de champagne. Un régal briard à ne pas se priver.

Je vous en livre la recette avec plaisir. C'est un plaisir des dieux et des honnêtes gens de chez nous.

Pour 4 personnes

1 bouteille de champagne ou de vin de Champagne tranquille
1 poulet de 1,2 kg à 1,5 kg
50 gr de beurre
15 cl de crème fraîche
Thym
Estragon
Moutarde de Meaux
Sel, poivre

Détailler le poulet en morceaux (8).
Mettre le foie à réserver.
Dans une sauteuse, mettre à fondre du beurre.
Y mettre les morceaux de poulet à dorer sur tous les côtés.
Quand la viande est dorée, mouiller avec 15cl de champagne. Ajouter 1 branche de thym et une cuiller à soupe d'estragon ciselé.
Saler. Poivrer.
Couvrir et laisser cuire à feu moyen pendant 35 à 40 minutes.
Quand le poulet est cuit, ôter les morceaux et les dresser sur un plat à four et mettre à four chaud (th.3).
Dégraisser le jus de cuisson avec une cuiller d'eau froide.
Mettre dans le jus 2 cuillers à soupe de moutarde de Meaux.
Fouetter doucement jusqu'à épaississement de la sauce.
Passer le foie au mixeur et l'incorporer dans la sauce.
Verser alors le pot de crème fraîche et porter à ébullition en fouettant cette sauce.
Faire réduire légèrement,
En napper les morceaux de poulet et servir chaud avec un riz pilaf ou des pommes de terre en robe des champs.
Accompagner d'un Bouzy ou d'un Meursault rouge.

Poulet au sang et au Pinot franc

Maintenant que l'on trouve des poulets plus comestible que ces malheureux volatiles élévés en batterie, on peut à nouveau s'en régaler encore que cela ne vaille jamais un bon gros et charpenté poulet de ferme vivant en liberté sur des espaces ouverts et herbeux.

Un bon poulet label rouge de Loué voire de Bresse si l'on en trouve conviendra parfaitement à cette recette qui me vient de l'Aigle noir à Fontainebleau, du temps où le chef Dumesnil en dirigeait les cuisines avec le talent qu'on lui reconnaissait.

Pour 4 personnes

1 poulet (dont on a pris soin de garder le sang avec un filet de vinaigre)
2 oignons
50 gr de beurre et trois cuillers d'huile
1 l de Pinot franc Laurent-Perrier
Sel, poivre, ail
Bouquet garni

Découper le poulet.
Faire bien chauffer le beurre et l'huile.
Faire revenir les morceaux à la poêle avec les oignons, la viande doit être bien dorée.
Retirer les morceaux de poulet et les mettre dans une cocotte si la poêle n'est pas assez grande pour la cuisson.
Jeter la farine dans le graissage et remuer à la spatule de bois pour obtenir un roux blond. Mouiller avec du vin.
Remettre les morceaux de poulet avec le sel, poivre, ail et le bouquet garni.
Cuire assez rapidement 20 à 25 minutes “le poulet au sang doit cuire aussi vite qu'il court”.
En fin de cuisson, ajouter le sang. Encore un tour de bouillon, c'est prêt !
Garnir de pommes cuites en robe des champs réchauffées dans la sauce.

Pudding aux pommes et au cidre

Nécessité fait loi. Ce pudding ne peut être réalisé pour 4. Et donc j'ai fait une exception en la présentant pour 8, (à moins qu'il ne s'agissee de 4 très gros... gourmands)

C'est une recette... bretonne puisqu'il entre dans sa préparation une crème anglaise

Trève de plaisanterie c'est là un gâteau délicieux et moins lourd qu'il n'y parait.

Pour 8 personnes

1 bouteille de cidre doux
5 œufs
300 gr de pain brioché
200 gr de sucre roux
150 gr de raisins de Smyrne
500 gr de pommes reinettes
100 gr de noix, amandes ou noisettes
100 gr d'écorces d'oranges
1/4 litre de lait
Vanille, cannelle
50 gr de beurre
Crème fraîche ou gelée de framboises
pour la décoration.

Eplucher les pommes, les essuyer, les couper en morceaux, les faire cuire dans le cidre avec le sucre roux, les raisins, la cannelle et la vanille, (1 bâton de chaque).
Enlever les aromates, ajouter les noix concassées et les écorces d'oranges, le pain coupé en petits morceaux gonflées dans le lait chaud.
Mélanger le tout, incorporer les cinq œufs battus comme pour une omelette;
Beurrer largement un moule à charlotte de 18 à 20 cm de diamètre.
L'enrober de sucre roux, le remplir de la préparation.
Faire cuire le pudding, une heure environ, au four à 200° au bain-marie.
Le démouler lorsqu'il est tiède.
Servir avec une crème anglaise, le décorer de demi-pommes dorées à la poêle et de gelée de framboises ou de crème fraîche.

La queue de bœuf en estouffade au Côtes de Provence

Voici une recette remontée du midi où l'on sait cuisiner des morceaux que d'aucuns ne jugent pas assez nobles pour figurer sur leur table. Quelle erreur !

Ainsi cette queue de bœuf en estouffade au Côtes de Provence blanc dont il m'est arrivé de régaler des gourmets réticents au départ, mais aussitôt conquis après dégustation.

Un plat simple et une fois de plus peu onéreux. Et chose importante, il permet au cuisinier, ou à la cuisinière, d'être à table avec les convives le temps qu'il achève de cuire et pendant la dégustation.

Un plat de famille quoi.

L'estouffade c'est un braisage en vase clos hermétiquement (à l'étouffée).

Pour 4 personnes

1 bouteille de Côtes de Provence blanc
1 queue de bœuf
1 paquet de couenne de porc
Eau de vie (marc de raisin)
Huile d'olive
12 petits oignons grelots
2 carottes
2 navets
2 gousses d'ail

1 branche de céleri
Cerfeuil, persil
Sel, poivre, quatre-épices

Couper la queue en tronçons de 5 à 6 cm (aux jointures).
Dans une poêle mettre de l'huile d'olive à chauffer à feu vif.
Y faire revenir les morceaux de queue jusqu'à les faire dorer sur toutes les faces.
Dans une cocotte mettre les couennes de porc au four à l'envers. C'est à-dire côté gras au fond.
Peler les oignons et les répartir sur les couennes.
Gratter les carottes, les couper en rondelles et en tapisser le fond de la cocotte.
Peler les navets et les couper en rondelles. Les mettre sur les carottes.
Peler l'ail et ébarber la branche de céleri. Couper le céleri en dés. Mettre le tout dans la cocotte.
Mettre la queue de bœuf. Saler, poivrer, une pincée de quatre épices.
Dans une casserole mettre en ensemble 20 cl de vin blanc et un verre à liqueur de goutte (marc de raisin).
verser sur la queue de bœuf.
Couvrir et luter le couvercle à la farine.
Mettre à four doux (th 3/4) pendant 4 heures 1/2.
Accompagner d'un Côtes de Provence rouge ou d'un Cahors ou d'un Bergerac et de pâtes fraîches avec juste une noix de beurre.
Au moment de servir, parsemer sur la viande persil et cerfeuil effeuillés.

N.B. Ne pas jeter les couennes que l'on pourra conserver pour faire griller à sec et servir en amuse-bouche à l'apéritif. Mais ceci est une autre... recette.

Comment ne pas figurer dans les guides ?

Je ne reviendrai pas sur les avatars de la mention dans certains guides mais histoire de sourire, m'en vais vous conter l'aventure survenue à un très bon restaurant de ma connaissance.

Se présente vers 11 heures un quidam qui s'adressant au maître d'hôtel s'annonce : « Je suis le Michelin ». Avant qu'il ne poursuive, le maître d'hôtel crie au chef en cuisine : « Chef... vos pneus sont arrivés ! » croyant qu'il s'agissait de la livraison des pneumatiques commandés par celui-ci à son garagiste.

Interloqué l'inspecteur du célèbre guide rectifie et demande à visiter l'établissement. Or la patronne était occupée à décorer les tables de fleurs fraîches, et toute à son travail ne fit pas attention à qui était là, mais dotée d'un humour fonctionnant à la vitesse de l'éclair, elle ne put retenir alors que sa maison est propre comme un sou neuf lorsque l'inspecteur demanda à "visiter" les commodités : "Dites-lui qu'il n'a qu'à suivre les... mouches !"

Hélas assez fort pour que ce dernier l'entende.

Il a prestement tourné les talons et n'est jamais revenu.

Si cet établissement figure dans le Michelin 95 c'est que l'inspecteur ne manque pas... d'humour, ni de rancune.

La queue de bœuf au Madiran

J'ai déjà eu l'occasion de vous faire part de mon goût pour certains abats qui présentent l'avantage d'être peu onéreux mais délicieux en cuisine. Je vous ai déjà entretenus de ma dilection pour la queue de bœuf, soit en hochepot dont la recette figure dans mon livre « Cuisinons aux vins de France «, soit dans la confection du pot-au-feu. Voire braisée...

La queue des bovins, voire des ovins entre dans la catégorie des abats mais il s'agit d'un met savoureux qui revient à la mode fort heureusement. Savez-vous qu'autrefois dans les maisons bourgeoises on consommait la queue de bœuf désossée et roulée braisée au vin ?

Voici une recette que j'ai ramené d'Aire-sur-Adour où je m'en suis régalé dans une ferme où l'on sait ce que manger veut dire...

C'est une queue de bœuf en crépine au madiran dont vous me direz des nouvelles.

Encore une recette pas chère et facile à réaliser.

Pour 4 personnes

Une bouteille de Madiran
2 queues de bœuf coupées en tronçons
200 gr de crépine
4 carottes
5 oignons
2 échalotes
2 têtes d'ail

1 bouquet garni
2 cuillerées à soupe d'huile d'olive
Sel et poivre

Eplucher, nettoyer les légumes, les couper en gros cubes.
Assouplir la crépine dans un bol d'eau tiède.
Saler, poivrer les tronçons de queues de bœuf, les faire dorer à l'huile, de tous les côtés. Réserver.
Faire revenir les légumes, ajouter la queue de bœuf, mouiller avec le vin rouge, ajouter le bouquet garni, couvrir et laisser cuire 2 heures.
Laisser refroidir, égoutter les morceaux de viande.
Faire réduire la sauce au deux tiers. Envelopper chaque tronçon dans un morceau de crépine, les placer dans un plat à four.
Les faire dorer 35 mn au four th. 6 (180° C) en les arrosant souvent avec le jus de cuisson.
Servir les crépines de queues de bœuf nappées de sauce et accompagnées d'une purée de celeri-rave adouci de crème fraîche.

Les rables de garenne

Ah ! ces lapins de garenne, à quelle sauce ne pourrait-on les préparer ?

On se régale de Jeannot lapin de mille et tant de manières que l'on ne sait plus laquelle choisir quand les dieux de la chasse nous ont permis de tirer un ou deux de ces jolis animaux, aussi rapide que savoureux.

Voici une recette de râbles au Savennières qui régalera les amateurs de cette chair succulente.

Un conseil en passant : quand on lève un râble cuit on ne se sert pas du couteau mais d'une cuiller.

Ensuite on se sert seulement du couteau pour détailler les filets.

Pour 4 personnes

4 rables de garenne
1 bouteille de Savennières
100 gr de lardons (petits)
4 échalotes grises
1 gousse d'ail
250 gr de girolles
10 cl de crème fraîche
80 gr de beurre
Sel, poivre
Persil haché

Nettoyer les râbles en ôtant la fine peau qui les entoure.
Piquer les rables avec les lardons. Saler, poivrer.
Mettre dans un plat à four.
Peler les échalotes et l'ail. Hacher le tout. Laver les girolles et couper le bout terreux des pieds.
Dans une poêle mettre 40 g de beurre à chauffer. Y faire sauter le hachis d'échalote et d'ail et les champignons.
Saler, poivrer. Mouiller avec 10 cl de Savennières.
Laisser à réduire pendant 1 minute.
Verser le contenu de cette poêle sur les rables.
Parsemer les 40 gr de beurre restant en copeaux.
Mettre à four moyen (Th 5) pendant 30 minutes. A ce terme ôter les râbles. Découper les filets et les mettre à réserver sur un plat chaud.
Mettre le plat à four sur la flamme vive et déglacer avec 10 cl de Savennières.
Ajouter la crème fraîche et faire épaissir au fouet sur feu vif.
Quand la sauce est onctueuse, en arroser les filets.
Parsemer de persil haché. Servir chaud avec des pommes de terre cuites à l'eau.
Accompagner d'un Savennières frais (8 à 10°).

Le ragoût de canard au Madiran

«Faute de grives on mange des merles» dit-on.

Faute de colvert pour cause d'ouverture au gibier d'eau de plus en plus tardive, il faudra bien s'habituer petit à petit à se contenter d'oiseaux de basse-cour pour des préparations culinaires pourtant parties intégrantes, et que l'on voudrait inaliénables, de notre patrimoine culturel et gourmand.

Voici donc une recette pour colvert, de ces colverts un peu vieux que l'on tire parfois à la passée et que l'on réussit, parce qu'ils sont les plus lourds et donc les moins rapides. Ceux-là ne conviennent point à un simple rôtissage. On se les prépare donc en ragoût avec un vin rustique du genre Madiran.

Cette recette-là, je ne suis pas près de l'oublier tant elle évoque pour moi de souvenirs cynégétiques et gastronomiques formidables, chez des amis merveilleux qui n'étaient chiches ni de leur fidélité ni des produits merveilleux de leur terroir.

Pour 4 personnes

1 canard de 2,300 kg ou 2 colverts
1 bouteille de Madiran
3 carottes
3 oignons
3 échalotes grises
300 gr de petits oignons blancs

500 gr de petits pois écossés
1 bouquet garni
140 gr de beurre
Huile d'olive
Sel, poivre
1 morceau de sucre

Détailler le canard en morceaux.
Réserver la carcasse, le cœur, le foie.
Dans une casserole, mettre un peu d'huile à chauffer.
Y mettre à revenir les os de la carcasse avec une carotte pelée et coupée en rondelles et un oignon pelé et émincé. Bien faire revenir.
Mouiller avec un verre de Madiran et un litre d'eau.
Couvrir et laisser cuire à feu doux pendant une bonne heure.
Quand le tout est bien cuit, saler, poivrer légèrement et passer au tamis.
Réserver ce fond .
Saler et poivrer les morceaux de canard.
Dans une vaste cocotte en fonte, mettre un peu d'huile d'olive à chauffer vivement.
Y mettre à colorer les morceaux du canard sur toutes leurs faces.
Peler et couper en rondelles les carottes.
Peler et émincer les oignons.
Peler les échalotes, les émincer.
Mettre le tout avec les morceaux de canard.
Quand les légumes ont pris couleur, retirer le tout et mettre à réserver.
Jeter la graisse de cuisson.
Déglacer les sucs avec 25 à 30 cl de Madiran.
Faire réduire puis ajouter le fond obtenu au début.
Remettre le canard et les légumes.

Ajouter le bouquet garni. Couvrir.
Réduire le feu pour laisser à petits bouillottements ou mieux mettre au four à couvert (th 5-6) pendant 40 minutes.
A ce moment, ôter les morceaux de canard et les dresser sur un plat creux chaud.
Passer tous les légumes et le fond de sauce au mixer.
Ajouter le foie et le cœur dans le mixer.
Quand le tout est homogène, mettre à réduire à feu doux dans une casserole en fouettant sans arrêt et en incorporant petit à petit 100 gr de beurre.
En napper les morceaux de canard.
Accompagner des oignons blancs glacés et des petits pois.

Le ragoût de châtaignes au Chardonnay d'Auvergne

L'automne c'est la saison des châtaignes. Et la châtaigne c'est le fruit de l'Auvergne.

Voici une recette ramenée de cette jolie et rude province où j'aime à me réjouir des paysages et des produits vrais et sains qu'elle génère.

Au Moyen Age, la châtaigne ou le marron a servi d'aliment de base dans les régions où elle poussait naturellement (Auvergne, Berry, Archèche...).

On la consommait en bouillies, en soupe, en ragoût, en farine. On en faisait des galettes et du... pain. D'ailleurs ne dénommait-on pas le châtaignier : l'arbre à pain ?

En Auvergne on trouve de jolis petits vins comme le Chataugay, le Chanturgues mais aussi le Saint-Pourçain s/ Sioule.

Pour la recette qui va suivre j'ai trouvé un petit Chardonnay 92 assez étonnant, provenant de chez Jean-Pierre et Marc Pradier vignerons à Martres-de-Veyres (63730)

Production confidentielle (1 ha) mais vraiment bien élaborée.

Il entre bien dans la confection de cette recette automnale.

Pour quatre personnes

1 bouteille de Chardonnay d'Auvergne
1 kg de châtaigne
50 gr de beurre

5 gr de sucre en poudre
sel, poivre

Peler les châtaignes. Oter enveloppes et membranes délicatement.
Dans une cocotte mettre le beurre à fondre.
Y mettre les châtaignes. Bien les retourner à la spatule.
Saupoudrer avec le sucre.
Bien mélanger, saler, poivrer, mouiller avec un verre d'eau tiède et un verre de vin blanc jusqu'à effleurer le dessus des châtaignes.
Couvrir et laisser à cuire à feu doux pendant une heure.
Les châtaignes doivent alors boire tout le liquide sans toutefois caraméliser.
Quand les châtaignes sont cuites les servir avec un rôti de porc ou de veau (filet).
Accompagner d'un vin d'Auvergne rouge (Chateaugay, Chanturgues ou St-Pourçain-sur-Sioule).
Rustique mais étonnant.

Le ragoût de chevreau au Reuilly blanc

Du côté berrichon de mes aïeux, j'ai gardé de succulentes recettes transmises par ma bonne mamy paternelle qui cuisinait comme personne et savait mieux que quiconque transmettre son amour du mitonnage des plats de pays.

A la saison où les chevreaux sont à profusion sur le marché de Valencay, à Pâques, elle nous régalait de cette chair délicate et rustique à la fois.

Elle connaissait et réussissait mille et une façons de la servir.

Voici l'une de ses recettes dont j'ai encore le souvenir en bouche et le regret au cœur de ne plus pouvoir m'en régaler dans la maison familiale d'Espaillat (Indre) où elle régnait en maîtresse femme devant une antique et solennelle cuisinière à bois sur le coin de laquelle se trouvaient en permanence une bouilloire et un pot à café.

Pour 4 personnes

1 bouteille de Reuilly blanc
(ou de Sancerre ou de Cheverny
1 trait de Ricard
1 kg 200 de côtes de chevreau ou d'épaule
2 oignons
2 gousses d'ail
1 bouquet garni (persil, fenouil, romarin, basilic, estragon),

50 gr de beurre
30 gr de farine
Sel, poivre
1 bouillon cube ou un trait de viandox

Peler et hacher les oignons.
Les mettre à blondir en cocotte avec le beurre.
Mettre les morceaux de chevreau à revenir.
Ajouter la farine.
La faire roussir légèrement et mouiller avec deux verres d'eau, deux verres de Reuilly blanc et un trait de viandox.
Peler l'ail et le mettre dans la cocotte avec le bouquet garni.
Saler, poivrer.
Couvrir et laisser mijoter à bouillonnement moyen durant 30 minutes.
Rectifier l'assaisonnement et ajouter un léger trait de Ricard.
Servir chaud avec des haricots verts et des pommes de terre (Roseval ou BF 15) dans le ragoût, en les mettant dans la cocotte avant de la couvrir (1/2 heure de cuisson suffit).
C'est tendre et moelleux.
Personnellement j'ai supprimé la farine dans cette préparation, préférant lier ma sauce en fin de cuisson avec 20 cl de crème florette et réduction à feu vif.
Et même on peut hors la flamme, après avoir dressé sur un plat chaud la viande et les pommes de terre, ajouter à la sauce ainsi réduite d'un petit quart, deux jaunes d'œufs que l'on incorpore au fouet.
La sauce n'en sera que plus goûteuse et onctueuse.
On en nappera le plat au moment de servir.
Accompagner d'un vin blanc de Loire ou du même vin qui aura servi à la cuisson, mais servi frais (9/12°).

Ris de veau au Macon blanc

Les ris de veaux sont classés parmi les mets les plus fins qui soient. Réputation méritée à condition d'en surveiller la cuisson.

Pas assez cuits c'est lourd et pateux, trop cuits c'est indigeste et difficile à avaler.

Régalons nous de ceux-ci accomodés à la paysanne mais surtout avec un Macon blanc dont l'acidité naturelle magnifiera la subtilité du thymus de veau.

Pour 4 personnes

1 bouteille de Macon blanc
1 kg de ris de veau
250 gr de beurre
100 gr d'échalotes hachées
3 branches d'estragon haché
500 gr de champignons de Paris
2 grosses carottes
1 citron
20 gr de poivre vert en grains
Sel, poivre

Faire blanchir les ris de veau. Les laisser refroidir. Les détailler en tranches assez fines.
Faire fondre 250 gr de beurre dans une sauteuse. Y ajouter les échalotes et l'estragon hachés, le poivre vert écrasé avec la pointe d'un couteau.
Dès la coloration noisette du beurre, ajouter un jus de citron puis les escalopes de ris de veau et en dernier lieu une duxelle de carottes-champignons (carottes coupées en dés et champignons émincés).
Mouiller avec 1/2 bouteille de Macon blanc. Saler, poivrer. Faire réduire des 3/4.
Servir aussitôt accompagné de brocolis ou de pommes noisettes.
Comme vin : un Macon blanc frais.

Les rognons d'agneau au St-Joseph

On consomme peu d'abats dans notre Pays et c'est fort regrettable. Certes, les abats ont mauvaise réputation ce qui est dommage car ceci ne serait justifié qu'en cas d'abus. Mais consommés modérément, les abats sont plutôt profitables à la santé.

Tout n'est finalement question que de mesure.

Ainsi ces rognons de mouton que l'on ne sait que consommer à la sauvette grillés au barbecue le jour du méchoui ou de grillades au jardin.

Voici une recette délicieuse autant que délicate pour peu que l'on prenne soin d'en suivre l'élaboration.

Tout d'abord et par prudence, sur le plan du goût, un conseil avant toute préparation : placer les rognons de mouton dans un égouttoir et les mouiller abondamment d'eau bouillante vinaigrée.

Deuxiemement les rognons comme le foie doivent être cuits à l'instant, vite et peu. Sinon trop cuits, ils deviennent durs et caoutchouteux. Il faut les cuire rapidement pour que l'extérieur soit saisi et l'intérieur chaud et rosé, jamais saignant.

Voici une recette de rognons d'agneau au St-Joseph blanc absolument délicieuse et dont je vous recommande la confection pour étonner et ravir vos invités.

Pour 4 personnes

1 bouteille de St-Joseph blanc
8 rognons d 'agneau parés
Un trait de viandox
8 feuilles de chou vert

Huile d'olive
2 carottes
400 gr de tagliatelles
50 gr de beurre
10 cl de crème fraîche épaisse
Sel, poivre
Ciboulette.

Gratter les carottes et les réduire en Julienne.
Laver les feuilles de chou et les blanchir 3 minutes à l'eau bouillante salée. Les égoutter, les éponger.
Etaler les feuilles de chou.
Mettre un rognon entier au centre de chacune. Saler. Poivrer.
Refermer les feuilles soit en aumônière soit en paquet et fermer avec un brin de ciboule.
Dans une cocotte, mettre le beurre et une cuiller d'huile d'olive à fondre.
Y mettre les aumônières à cuire à feu doux pendant 30 minutes.
Les retourner et les mouiller au beurre souvent.
Mettre à réserver au chaud.
Jeter la moitié de la graisse de cuisson.
Déglacer au St-Joseph. Porter à ébullition. Laisser à réduire de moitié.
Jeter une cuiller de viandox, la crème fraîche et mettre à bouillotter pendant 3 minutes jusqu'à ce que cette sauce épaississe un peu.
Servir les rognons en habit nappés de cette sauce.
On accompagnera de tagliatelles cuites à l'eau bouillante salée avec les carottes en julienne, le tout "al dente"
On servira un St-Joseph blanc frais à 9°.
C'est assez sublime.

Rognons de veau berrichonne

Si ma mémoire gourmande est bonne c'est "Aux deux départements" à Villeparisis (77) à l'époque où le chef était le bon Henry Aubry que je me suis régalé de ces rognons de veau berrichonne.

Ce fut un enchantement tel que je lui en avais soutiré la recette. Rare chez un cuisinier professionnel devant un... amateur.

Mais nous étions entre pays.

Pour 4 personnes

2 beaux rognons de veau dégraissés
2 tranches de poitrine de porc fumé, coupées en lardons
100 gr de petits champignons bien blancs
1 dl de Marc de Sancerre
1 dl de fond de veau
1 dl de vin rouge de Sancerre
Sel, poivre moulu
Facultatif : 8 petits oignons glacés

Nettoyer les champignons, les utiliser entiers ou coupés en quartiers selon leur grosseur.
Les faire étuver dans 2 cuillers à soupe de beurre.
Les saler, poivrer et citronner. Ensuite réserver.
Blanchir les lardons et réserver avec les champignons.
Dans une sauteuse, avec une cuiller d'huile, faire sauter les rognons préalablement coupés en deux dans le sens de la longueur.
Les poivrer mais ne pas saler, pour ne pas les durcir à la cuisson, ceci durant 3 à 4 minutes.
Dégraisser la sauteuse et verser le Marc pour flamber.
Retirer les rognons, ajouter le vin rouge puis le fond, laisser réduire un peu.
Ajouter la garniture champignons-lardons, rectifier l'assaisonnement, puis une cuillerée de beurre.
Remettre les rognons pour les réchauffer.
Dresser les rognons dans un plat.
Légumes d'accompagnement : Pommes sautées ou riz pilaw.
Vin : Sancerre rouge.

Rôti de cabillaud au Graves blanc

Une recette toute simple, et très bonne, de cabillaud rôti au Graves blanc dégustée au hasard d'une promenade en Bordelais.

Le cabillaud c'est tout simplement de la morue fraîche.

N'allez pas en déduire pour autant que vous pouvez utiliser de la morue sèche mise à dessaler. Cela n'aurait aucune chance de vous régaler. Bien au contraire.

Pas plus que vous ne pourriez utiliser un autre poisson rond.

Seule la chair de la morue fraîche se prête à ce genre de préparation.

Cette recette présente l'avantage de n'être point contraire à un régime de prudence alimentaire puisqu'il agit d'un poisson et de vin cuit, donc ayant éliminé tout son alcool.

Quant aux légumes de cuisson (tomates et champignons), ils ne sont pas caloriques et ne contiennent aucun féculent.

Bien sûr, on peut ainsi que je le préconise en fin de recette accompagner ce plat de pommes de terre vapeur. C'est affaire de goût et de régime.

Pour 4 personnes

1 kg de cabillaud en un seul morceau
1 bouteille de Graves blanc sec
200 gr de champignons
500 gr de tomates
10 cl d'huile d'olive
1 oignon
Persil

Sel, poivre
2 citrons

Faire enlever la peau du morceau de cabillaud par le poissonnier si vous ne savez pas le faire.
Saler et poivrer le poisson et le mettre dans un plat à four.
Couper le pied des champignons et laver les têtes à l'eau citronnée.
Pocher rapidement les tomates dans de l'eau bouillante.
Les peler et épépiner.
Mettre autour du poisson les champignons et les tomates.
Mouiller avec l'huile puis verser 20 cl de vin sur le tout.
Mettre à four chaud (th. 6-7) pendant 1/4 d'heure.
Pendant ce temps, hacher le persil et l'oignon.
Parsemer le poisson avec ce hachis et remettre au four pendant 20 minutes (th. 7).
Servir avec des pommes vapeur.
Citronner chaque part dans l'assiette.
Accompagner d'un Graves blanc sec frais (9-11°).

Les St-Jacques au Vin jaune et côtes du Jura

Jusqu'à fin avril c'est la belle saison des St-Jacques françaises de la Baie de St-Brieuc, les meilleures. Il faut en profiter pour s'en régaler de toutes les manières. Tant elles sont bonnes.

En voici une que d'aucuns prétendent qu'elle est parisienne. Moi je veux bien. Mais c'est dans le Jura, du côté de l'Etoile que je l'ai découverte, préparée au fameux vin jaune dont on assure qu'il n'est bon que de Château-Chalon. Et celui de l'Etoile donc ?.

En fait à Paris on prépare ce plat avec un muscadet et du... xérès.

Dans le Jura, on utilise un coteau du Jura et du Vin jaune.

Ça vous a un autre goût, croyez-moi.

Pour une fois je vais déroger à ma règle d'économie car le Vin jaune n'est pas donné (150-250 F la bouteille. Pardon le clavelin). Mais comme les coquilles sont également très chères, disons que nons allons nous faire une folie. Une fois n'est pas coutume. Que diable !

Pour 4 personnes

12 coquilles fraîches
1 bouteille de vin jaune
1 bouteille de Côtes du Jura
50 gr de beurre
100 gr de champignons de couche
15 cl de crème fraîche
Mie de pain rassie
50 gr de Beaufort
Sel, poivre

Tout d'abord faire ouvrir les coquilles pendant 1 minute dans un four très chaud (th. 10).
Les ôter et prélever les noix et le corail.
Jeter tout le reste. Sauf les coquilles qu'il faudra laver.
Laver dans un égouttoir à l'eau froide les noix et corail.
Dans une sauteuse mettre 30 gr de beurre à fondre.
Faire sauter vivement les St-Jacques.
Les ôter et réserver au chaud.
Dans la poêle, faire sauter les champignons (queues coupées), lavés et épongés.
Les ôter et les mettre avec les St- Jacques à réserver au chaud.
Dans la sauteuse, mettre une noix de beurre.
Quand le beurre est fondu, ajouter en pluie 1 cuiller de farine.
Remuer à la spatule.
Mouiller avec 1 verre de Côtes du Jura puis 1 verre de Vin jaune.
Faire réduire de moitié puis ajouter la crème fraîche.
Saler. Poivrer.
Remuer à la spatule. Faire épaissir à feu vif.
Jeter dans la sauteuse les noix de St-Jacques, le corail et les champignons.
Répartir cette préparation dans les coquilles bien lavées.
Dans un bol, mélanger le Beaufort râpé avec 3 cuillers à soupe de mie de pain rassie émiettée.
Parsemer chaque coquille de ce mélange.
Mettre sur chaque coquille une petite noix de beurre et passer au four chaud (th 8-9) pendant quelques minutes (4-5).
Servir chaud avec un Côtes du Jura frais (9-10). ,
N.D.L.R. : le Vin jaune se garde magnifiquement, même ouvert dans la Cuisine ou à la cave. C'est même l'un de ses mystères fabuleux.
On peut le servir très frais en apéritif ou avec un fromage de brebis bien affiné.

Les Saint-Jacques au Vin jaune et à la vanille

Pendant les mois en R, on consomme les meilleures huîtres, les plus délicats coquillages. Et parmi ces derniers, les sublimes coquilles Saint-Jacques, dont les meilleures proviennent de la baie de Saint-Brieuc et des côtes normandes.

Dans la coquille, le fin gourmet ne se régale que du corps, c'est-à-dire la noix, laissant le corail aux cuisiniers qui l'utilisent dans les sauces, pour leur donner un peu de couleur naturelle (quand le corail est bien coloré).

Voici une recette toute simple de noix de Saint-Jacques au Vin jaune et à la vanille tout à fait exceptionnelle.

On s'en régalera pour les fêtes mais aussi tout simplement pour se faire plaisir.

A titre indicatif, le Vin jaune du Château-Châlon a cette particularité, en dehors de son prix (élevé) qu'une bouteille peut rester indéfiniment entamée sans s'altérer. C'est ce qui en fait avec ses qualités gustatives indiscutables tout le... prix.

Voici donc cette recette de fête.

Pour 4 personnes

1 bouteille de Vin jaune
16 belles coquilles de Saint-Jacques
150 gr de crème fraîche
5 cl d'huile d'olive

Sel, poivre
1 bâton de vanille
10 cl de lait

Tout d'abord, fendre en deux dans le sens de la longueur, le bâton de vanille et le mettre dans une casserole avec 10 cl de lait. Porter à ébullition et laisser ensuite infuser à couvert.
Ouvrir les coquilles en les débarrassant de leur voile noir.
Séparer les noix des coraux.
Dans une poêle, mettre l'huiie d'olive à chauffer.
Y faire dorer les noix sur chaque face rapidement.
Mettre les noix à réserver au chaud.
Jeter la graisse, déglacer au Vin jaune (10 cl).
Ajouter la crème fraîche.
Passer au hachoir les coraux.
Oter le bâton de vanille du lait.
Ajouter le lait vanillé dans la crème.
Fouetter en incorporant le hachis de coraux.
Faire réduire. Saler. Poivrer.
Napper des assiettes tiédies de cette sauce.
Y déposer les noix de St-Jacques et servir de suite.
Accompagner de tagliatelles fraîches.
Servir avec un Châblis ou un vin blanc de Savoie bien frais (9-10°).

La salade de fruits au Maury

On me reproche parfois un certain chauvinisme en matière de produits et même certains vont jusqu'à chercher à me mettre en défaut, au prétexte que ne goûtant pas certaines « nouveautés «, je ne saurais donc apprécier les tomates parce qu'originaires d'Amérique du Sud, le raisin apporté chez nous par les Grecs et les Romains, et même la pomme de terre que Parmentier n'importa pas puisque déjà Olivier de Serre en préconisait la consommation quelques décennies avant lui.

En fait, mon chauvinisme, si tant est que j'en soit vraiment atteint m'incline plutôt à préférer les produits de nos terroirs à ceux importés d'ailleurs. J'en tiens pour affirmer que moins un fruit ou un légume voyage, et plus il a de chance d'arriver à maturation dans mon assiette. Et que, si on produit un excellent vin muté chez nous, pourquoi irais-je chercher un Porto.

Ceci ne m'empêchera pas, à l'occasion, de me régaler d'un vintage réputé. Mais de grâce laissez-moi savourer un Banyuls ou un Maury au goût de Rancio.

A ce propos, voici une recette de salade estivale au Maury qui n'a rien à envier au traditionnel melon au Porto, un peu commun devant cette farandole d'arômes et de couleurs.

Pour 4 personnes

15 cl de Maury
2 beaux melons
200 gr de framboises

100 gr de fraises des bois
100 gr de cassis
100 gr de groseilles
25 gr de sucre en poudre

Couper les melons en deux par le travers.
Oter les pépins avec une cuiller.
Détailler l'intérieur en billes avec une cuiller spéciale (à tourner) ou une cuiller à café.
Réserver cette chair dans un saladier au réfrigérateur.
Oter le reste de chair à l'intérieur des melons avec une cuiller à soupe.
Mettre cette chair dans un mixer avec 25 gr de sucre en poudre.
Mixer le tout pour obtenir un coulis.
Ajouter 15 cl de Maury et le jus rendu par les boulettes dans le saladier.
Mixer à nouveau.
En napper les boules dans le saladier et remettre au réfrigétateur pendant 3 heures.
Mélanger avec les groseilles, le cassis, les fraises et les framboises.
En garnir chaque demi-écorce et servir très frais.
Un dessert rafraîchissant que l'on peut « enrichir « d'un peu de Chantilly parfumée au Grand Marnier.

La salade de la république

Les parcours gourmands nous invitent parfois très souvent en fait, à faire des découvertes aussi agréables que surprenantes.

Ainsi ce mâchon matinal auquel je fus convié chez un débitant de tabac-café-bar dont le premier métier le conduisit à passer et à œuvrer dans les plus grandes cuisines de l'héxagone.

Philippe Vallée dit FIFI est parfois saisi par la nostalgie de son ancien métier et ne s'en guérit (temporairement) qu'au cours de mâchons auxquels il convie une petite dizaine de gourmands de la région qui viennent se régaler de ses "inventions" et partager les vins les plus, délicieux qui soient, chacun ayant à cœur de trouver la perle rare pour en étonner ses amis de table.

Ce matin là, après des langoustes de pleine mer fraîches en Bellevue il nous a servi une salade de choux blancs absolument succulente dont voici la recette.

Pour 4 personnes

1 bouteille d'Edelswicker
1 chou blanc
4 œufs
500 gr de pommes de terre BF 15
8 tranches fines de bacon fumé
6 échalotes grises
1 trait de vinaigre de framboise

Huile de tournesol
Huile de noix
Persil plat
Sel, poivre

Blanchir pendant 10 minutes le chou dans une eau salée après avoir débarrassé de ses premières feuilles et coupé en 4.
Faire cuire en robe des champs les pommes de terre.
Faire cuire durcir les œufs. Les écaler et les couper en 4.
Faire frire à la poêle dans un peu d'huile les tranches de bacon fumés.
Réserver. Ne pas jeter l'huile.
Effeuiller à la main le persil.
Détailler au couteau le chou en fines lamelles quand il est encore chaud.
Peler et hacher grossièrement l'échalote.
Dans un grand saladier, mettre le choux, l'échalote, le bacon, les pommes de terre pelées et coupées en 2 ou en 4.
Arroser d'un trait de vinaigre de framboise et d'un grand verre d'Edelswicker.
Saler légèrement. Poivrer au moulin.
Ajouter 5 cuillers d'huile de tournesol et 2 de noix.
Blen remuer le tout délicatement. Ajouter les œufs, et un grand verre de persil plat émondé.
Servir tiède.
Accompagner du même vin à 7-9 ° de température.

La saucisse de Toulouse au Gaillac

Un plat tout simple pour marier quelques produits méridionaux avec bonheur.

Il est facile à réaliser et ne coûte pas cher du tout.

Le plat pourra constituer selon le goût de chacun, soit une entrée, soit un plat principal.

Il peut tout à loisir être présenté soit en parts individuelles, soit en présentation familiale.

Il ne nécessite pas de tour de main particulier, ni de surveillance attentive.

Une seule obligation ; être rigoureux sur la température et le temps de cuisson.

Pour le reste, il n'est que de se procurer les produits de qualité nécessaire et de me suivre en cuisine...

Voici donc cette recette dont vous me direz des nouvelles.

Pour 4 personnes

1 bouteille de Gaillac rouge
4 saucisses de Toulouse
800 gr de pommes de terre Rosenval
6 oignons violets
4 échalotes grises
2 gousses d'ail
1 cuiller à soupe de graisse d'oie

4 épices
Persil
Sel, poivre

Peler, couper en rondelles de 3 mm d'épaisseur les pommes de terre et les laver à grande eau.
Les éponger et les mettre dans un égouttoir.
Mélanger sel, poivre et 4 épices dans un bol.
Bien en imprégner les pommes de terre et les mélanger à la main jusqu'à ce qu'elles rejettent leur eau avec le surplus de sel et de poivre.
Peler l'ail et en frotter l'intérieur d'un plat à gratin ou de 4 ramequins individuels.
Graisser ensuite le plat avec la graisse d'oie au pinceau.
Peler et couper en rondelles l'oignon et l'échalote.
Avec la moitié, en tapisser le fond du plat. Disposer dessus la moitié des pommes de terre, mettre le reste d'oignon puis couvrir avec le reste des pommes de terre.
Détailler les saucisses en rondelles épaisses que l'on dispose sur le tout.
Mouiller généreusement avec le Gaillac et mettre à four chaud (th.7-8) pendant 35 minutes.
Toutes les 10 minutes, arroser avec le jus de cuisson.
Servir chaud, agrémenté de persil haché.
Accompagner d'un Gaillac rouge à 14-16° de température.

Le sauté d'agneau au Gaillac

Avec mon excellent confrère et ami Jean-Paul Le Nahon, trop tôt enlevé à notre affection, nous avons eu la joie de régaler nos amis des "Queues de poêle et gueule en soi", société d'artistes, d'écrivains et de journalistes de la Butte Montmartre, chez Serge et Patricia, adorable caboulot en haut de la rue Lamarck.

Jean-Paul avait réalisé un sublime gâteau de foies blonds (foies de volailles) à l'échalote fondue et au beurre d'Echiré.

Quant à moi, désireux de faire entrer en cuisine le joli Gaillac "château Latour Plantade" produit par France et Jaffar Netanj à la Soucarie près de la Bastide de Levis au cœur du pays tarnais aux alentours de Cordes, je leur ai mitonné un sauté d'agneau au Gaillac rouge dont nous nous sommes réjouis sans complexe jusqu'à nettoyer le fond du rondeau.

Il faut préciser que si le plat fut délicieux, c'est que j'ai eu la joie de travailler une viande superbe provenant d'un agneau français de très belle qualité et de l'associer à un vin remarquable d'équilibre, tanique et robuste comme l'est le Gaillac, mais avec suffisamment de rondeur pour en corriger l'âpreté naturelle.

Voici cette recette

Pour 4 personnes

1 kg de collier et d'épaule d'agneau
1 bouteille de Gaillac rouge
1 gros oignon
2 carottes
12 oignons blancs avec queue
4 baies de genièvre
1 bouquet garni
1 gousse d'ail
Sel, poivre, muscade
1 cuiller de farine
2 cuillers de graisse d'oie

Détailler la viande en morceaux de 150 gr environ.
Dans une vaste cocotte mettre la graisse d'oie à fondre.
Peler et hacher le gros oignon. Peler et hacher l'ail.
Gratter et couper en rondelles les carottes.
Mettre les légumes à fondre dans la cocotte. Quand les oignons sont transparents et que les carottes commencent à dorer, mettre les morceaux de viande à saisir vivement.
Quand la viande est juste saisie sur toutes les faces, jeter dessus la farine en pluie.
Remuer à la spatule.
Mouiller avec la bouteille de Gaillac.
Laisser revenir à ébullition puis baisser la flamme.
Ajouter le bouquet garni.
Saler, poivrer, muscader.
Mettre les grains de genièvre.

Bien mêler le tout.
Ajouter deux verres d'eau chaude.
Couvrir et laisser à bouillotter pendant une heure.
Mettre alors les oignons blancs en laissant 8 à 10 cm de queue.
Couvrir à nouveau pour une demi-heure.
Servir dans la cocotte avec des pommes soufflées dans un plat à part.
Accompagner d'un Gaillac rouge à 15/16° (le même qui a servi à la cuisson).
Simple et facile à préparer pour manger avec ses invités.
Selon le président Jean Herbert, fine fourchette et esprit chansonnier (il est le directeur du théâtre des 2 Anes) : "On redécouvre le goût sublime de l'agneau de chez nous".

MAYEUR

Le sauté de veau au Costières du Gard

S'il est un morceau du veau que j'affectionne, c'est bien le flanchet.

Parce qu'il s'agit d'un morceau trop souvent délaissé et qui ne coûte pas cher.

Mais surtout parce qu'il a du goût et qu'en sauté il exhale des arômes tout à fait délicieux.

Pour peu que l'on emploie un petit vin de pays ou plutôt de l'arrière-pays Camarguais qui a pour nom les Costières du Gard en blanc.

Un petit vin qui titre 10° et qui n'est AOC que depuis peu après avoir piétiné dans les VDQS pendant 35 ans...

Il est issu de cépages clairette, Grenache blanc, Bourboulenc et Ugnui blanc, on y trouve également de la Marsanne, de la Roussanne, du Maccabéo et du Rolle. Vieux cépages régionaux.

Cette recette exhumée d'un vieux cahier d'écolier riche de mets de... campagne fit la joie de quelques confrères en mal d'authenticité certain jeudi gourmand sur la Butte Montmartre.

Je vous la livre avec plaisir.

Pour 4 personnes

1 kg de flanchet de veau avec os
1 bouteille de Costières du Gard blanc
200 gr de farine
50 gr de beurre

Huile d'olive
4 grosses carottes
1 gros oignon
1 branche de persil
Sel, poivre
Moutarde blanche

Dans un bol mélanger 200 gr de foie avec une pincée de sel et 1 de poivre.
Détailler le flanchet en gros dés.
Rouler les dés dans de la moutarde blanche.
Poudrer les dés avec la farine assaisonnée.
Dans une cocotte, mettre à fondre à feu vif le beurre avec 2 cuillers d'huile d'olive.
Peler, hacher l'oignon. Le faire blondir dans la cocotte.
Peler et couper les carottes en rondelles.
Les mettre à revenir avec l'oignon.
Y mettre les dés de viande à saisir de tous côtés.
Mouiller avec 15 cl de Costières du Gard et 15 cl d'eau chaude.
Saler. Poivrer. Couvrir et laisser à cuire à couvert à feu moyen pendant une bonne heure.
Servir saupoudré de persil haché et accompagné de pommes de terre en paillasson.
Comme vin : un Costières du Gard rouge.

Soles braisées au Saint-Emilion

Une recette toute simple pour se régaler de soles un peu grosses. Cela change de la sempiternelle meunière trop beurrée ou grillée trop sèche.

Et puis le St-Emilion trouve là un moyen de s'exprimer un peu différent...

Pour 4 personnes

4 soles de 600 grs
Une demie bouteille de St-Emilion
20 gr d'échalotes
100 gr de mousseron.
Sel, poivre .
300 gr de beurre

Disposer les soles nettoyées, vidées et épluchées dans un plat allant au four.
Saler, poivrer.
Parsemer d'échalotes finement hachées, verser dessus le St-Emilion.
Laver, éplucher et émincer les champignons ; mettre sur les soles avec une noix de beurre, couvrir avec un papier sulfurisé et cuire à four moyen pendant 20 mn. (th. 5)
Lorsque les soles sont cuites, retirer le jus de cuisson, le mettre dans une casserole.
Faire réduire à un tiers, puis ajouter le beurre par petites quantités, fouetter pour obtenir une sauce bien liée.
Rectifier l'assaisonnement et verser cette sauce sur les soles, servir avec des pommes de terre cuites à la vapeur et persillées.
Comme vin d'accompagnement : un St-Emilion bien évidemment.

Sorbet au cidre

Un dessert ou un ...entre mets ?

Pour ma part je préfère et de loin le sorbet-là entre le poisson et la viande, car moins alcoolisé que ceux habituellement servi dans les banquets ou certains restaurants.

Le fameux "trou normand" (un Calvados vieux et très froid) n'est en fait destiné qu'à susciter l'appétit, non à faire passer le goût du poisson.

Il remplit l'office de toute boisson alcoolisée avant un repas. Il exite les muqueuses stomacales. Pas très gastronomique ce trou-là...

Pour 4 personnes

1/2 bouteille de cidre doux
325 gr de sucre en poudre
1 cuiller à soupe de jus de citron
2 blancs d'œufs
75 gr de sucre glace.

Faire dégivrer le réfrigérateur et le mettre au point le plus froid 3 heures avant l'emploi.
Mettre le sucre en poudre dans une petite casserole, le faire dissoudre dans 25 cl d'eau sur feu modéré, laisser frémir 9 à 10 mn.
Laisser refroidir.
Ajouter le jus de citron, mélanger, mettre dans la sorbetière et laisser dans le réfrigérateur 3 heures environ.
Battre les œufs en neige, ajouter le sucre glace lorsqu'ils commencent à blanchir.
Retirer le sirop mi-pris de la sorbetière, lui incorporer délicatement le cidre, les blancs en neige, remettre le tout dans la sorbetière au réfrigérateur.
Au moment de servir, faire des boules à l'aide d'une cuiller à glace et les présenter dans des coupes préalablement refroidies.

Le sorbet à la crème de cassis

L'été on apprécie plus les desserts et entremets aux fruits.

C'est frais, léger et digeste.

Puisque j'ai eu le bonheur d'être reçu à la liquorerie Cartron à Nuits-Saint-Georges et d'en ramener un flacon de crème de cassis, l'idée m'est venue de préparer un sorbet que je qualifierai de ...Bourguignon.

Pourquoi Bourguignon ?

Tout simplement parce que constitué de cassis et de crème de cassis... de Bourgogne.

Cartron est implanté à Nuits-Saint-Georges. C'est pas la Bourgogne peut-être ?

Pour 4 personnes

250 g de sucre semoule
350 g de cassis frais
Crème de cassis
1 sachet de sucre vanillé

Dans une casserole préparer un sirop avec 1/4 de litre d'eau et 250 gr de sucre semoule. Porter doucement à ébullition.
Quand le mélange bout, enlever la casserole du feu. Laisser reposer et refroidir.

Laver le cassis et le sécher avec un linge.
En mettre à réserver une tasse.
Passer le reste au tamis et en extraire le jus.
Verser ce jus dans le sirop et ajouter un verre de crème de cassis et le sucre vanillé. Bien remuer le tout pour obtenir une crème homogène.
Mettre en sorbetière.
Placer la sorbetière dans le compartiment congélateur du réfrigérateur.
Mettre en marche la sorbetière. Laisser tourner jusqu'à ce que le mélange soit pris.
Conserver au froid.
Au moment de servir, démouler sur un plat à glace.
Orner le sorbet avec les grains de cassis mis en réserve.
Servir avec des allumettes russes ou des palets bretons.
Napper avec un peu de crème de cassis Cartron.
Un délice...

Le sorbet à la rose de Provins

Courte dans son élaboration voici une recette que réalisait chaque jour dans un adorable établissement de la ville haute de Provins un excellent ami Gérard Esquerre aujourd'hui retiré dans le Midi, au terme d'une bien jolie carrière de chef cuisinier de talent.

Il m'a offert ce sorbet au fruit délicieux et aux arômes subtils de cette rose ramenée des croisades par Thibault II de Champagne et cultivée depuis dans la superbe ville de Provins.

Pour 4 personnes

1 l de sirop de sucre à 16°
(1 l eau, 500 gr de sucre) dans lequel on fait infuser quelques pétales de roses
1/4 de litre de crème fleurette
1 cuiller à café d'extrait de roses
2 jus de citrons
1 cuiller à soupe de confit de pétales de roses

Mélanger le tout et mettre à glacer.

Un soufflé au Grand Marnier

Puisque je vous ai livré précédemment une recette de soufflé glacé au Grand Marnier, liqueur sublime, dont on se demande si elle est meilleure en cuisine que dans le verre, tant elle convient aussi bien au plaisir du palais qu'à celui du gastronome féru de desserts inventifs pourquoi ne pas vous offrir une occasion de ne pas rater un soufflé chaud qui épatera vos convives ?

Voici une recette que j'avais notée sur un agenda mais dont je n'arrive pas à me souvenir de la provenance.

L'essentiel est qu'elle soit bonne et qu'elle mette en valeur ce Grand Marnier qui devrait figurer dans toutes les caves à liqueur des gens de bonne compagnie. (Publicité gracieuse).

Pour 4 personnes

10 cl de Grand Marnier
1 orange (thompson)
33 cl de lait
30 gr de crème de riz
90 gr de sucre en poudre
30 gr de beurre
6 œufs
2 cuillers à soupe de sucre glace

Tout d'abord passer sous l'eau chaude l'orange et la brosser.
Oter le zeste de la moitié du fruit.
Mettre à réserver un verre de lait.
Verser le reste dans une casserole.
Y mettre 70 gr de sucre en poudre avec le zeste de l'orange.
Porter à ébullition.
Oter alors le zeste et baisser la flamme.
Dans un bol délayer la crème de riz avec le verre de lait en réserve.
Verser cette crème dans le lait bouillant.
Mélanger au fouet jusqu'à épaississement. A ce moment laisser refroidir.
Hors la flamme ajouter le beurre en noisettes et les jaunes de 4 œufs.
Fouetter doucement.
Laisser à refroidir.
Dans un saladier battre en neige les bancs des 6 œufs avec 1 cuiller de sucre en poudre.
Quand les blancs sont durs incorporer ceux-ci doucement à la crème refroidie.
Ajouter 10 cl de Grand Marnier. Mêler délicatement.
Beurrer un moule à soufflé ou 4 ramequins et y verser le mélange.
Mettre à four chaud (th. 7-8) et laisser cuire 25 minutes.
A la sortie du four, saupoudrer de sucre glace et servir chaud.
Accompagner d'un Baume de Venise frais (7 -9°)

N.D.L R. Les 2 jaunes restants pourront soit servir à dorer la croûte des soufflés mais l'opération est délicate, soit dans une autre préparation du repas.

Le steack chasseur au Jurançon

Avec l'ouverture de la chasse, il convient de rechercher les plats en harmonie avec la saison et l'appétit de nos nemrod.

De plus est-il vraiment nécessaire d'être un chasseur pour se régaler de plats traditionnels qui n'ont de... chasseurs que le titre.

Voici une recette de steack chasseur facile a réaliser et que l'on prépare avec un vin blanc sec du Jurançon ou de côtes du Rhône, voire du Gaillac blanc.

Pour le steack on choisira, de préférence dans un bœuf de Coutancie voire un excellent bœuf au label Ile-de-France, de belles tranches de bavette d'aloyau, pas trop épaisses, 2 cm environ de 200 gr chacune. Surtout bien rassie. C'est une viande superbe à la texture souple et au goût savoureux.

Pour 4 personnes

1 bouteille de Jurançon blanc sec
4 steacks de 200 gr dans la bavette
Huile d'olive
70 gr de beurre
2 échalotes grises
125 gr de champignons de Paris
1 tomate
Farine

Sel, poivre
Persil

Dans une poêle mettre à chauffer vivement 1 cuiller à soupe d'huile d'olive et 20 gr de beurre.
Mettre à saisir les steacks de manière à ce qu'ils dorent des deux côtés rapidement.
Les ôter et les mettre à réserver au chaud.
Peler et hacher les échalotes.
Couper les pieds des champignons, laver les têtes, les éponger et les émincer.
Mettre les champignons et les échalotes dans la poêle à feu vif jusqu'à ce que les champignons réabsorbent leur eau.
Ajouter alors la tomate pelée, épépinée et concassée.
Saler, poivrer, mouiller avec 15 cl de vin de Jurançon.
Faire réduire la sauce de moitié à feu vif.
Malaxer 50 gr de beurre avec une cuiller à soupe de farine et incorporer à la spatule, petit à petit dans la poête.
Servir les steacks nappés de cette préparation et parsemer dessus du persil haché.
Accompagner de pommes sautées à cru légèrement aillées et persillées (cuites à la graisse d'oie c'est encore meilleur).
Servir avec un Madiran rouge, ou le même Jurançon qui a servi à la cuisson mais frais (10-11°).

Le stuffatu au Patrimonio

L'Ile de Beauté recèle des trésors sur le plan gastronomique que les pitsutes du continent connaisssent mal. Se contentant, quand ils vont en Corse, du soleil, de la mer, des arômes incomparables et des quelques fromages (superbes), de la charcuterie dont le fameux pâté de merle, la coppa et le lonzo. Mais, bien peu ramènent sur le continent ces sublimes recettes qui font la joie de tout gastronome admis à la table familiale d'un ami originaire d'un village de montagne ou d'un petit port de la côte.

Ainsi ce sublime stuffatu au vin de Patrimonio dont j'ai encore les arômes subtils qui excitent mes souvenirs gourmands.

J'en aime la simplicité et les délicates saveurs tous comme ses vertus roboratives.

Pour 4 personnes

1 bouteille de Patrimonio
500 gr de macreuse
250 gr de filet de porc
250 gr de rouelle de veau
150 g de lard de poitrine fraîche
4 gros oignons
Huile d olive
2 tomates
2 gousses d'ail
250 gr de macaronis longs
40 gr de beurre
200 gr de cantal ou de parmesan râpé
Persil, romarin, thym, laurier

Sel, poivre, muscade

Détailler la viande en petits dés de 2 cm par 2 cm.
Peler et émincer les oignons.
Dans une vaste cocotte en fonte, mettre l'huile à chauffer à feu vif.
Y mettre à revenir toute la viande avec les oignons.
Remuer à la spatule pour que rien n'attache.
Quand tout les ingrédients ont pris couleur, ajouter les tomates pelées, épépinées et coupées en quatre.
Mouiller avec 15 cl de Patrimonio et autant d'eau chaude.
Ajouter les gousses d'ail pelées.
Mettre le persil (2 branches), le brin de romarin, un brin de thym, une feuille de laurier.
Saler, poivrer, une pincée de muscade.
Couvrir. Baisser la flamme et laisser à mijoter à feu doux pendant une heure et demie.
Pendant ce temps, dans beaucoup d'eau, faire cuire à l'italienne des macaronis.
Sitôt cuits les égoutter. Les beurrer.
Dans un plat creux en terre, mettre la moitié des macaronis. Parsemer de fromage râpé.
Poser dessus toute la viande puis le reste de macaronis.
Arroser avec le jus de cuisson de la viande. Mettre le reste de râpé en pluie.
Disposer sur le dessus quelques noisettes de beurre.
Donner quelques tours de moulin à poivre, saler légèrement.
Mettre à gratiner à four moyen (th. 4/5) pendant 30 minutes.
Servir bien chaud accompagné d'un Patrimonio plutôt frais (11/13°).
Si vous en faites chez vous ; invitez moi, je raffole de ce plat typiquement corse.

La tarte à la mirabelle au Sylvaner Vendanges tardives

On n'invente plus de recettes vraiment inedites car depuis que le monde est monde et les cuisiniers de véritables "alchimistes" du bon goût, ce que la nature nour offre comme aliments a été mis en œuvre de mille et une manières.

Par contre ce que l'imagination fertile de l'homme nous offre chaque jour, ce sont de nouveaux mariages d'arômes et de produits, pour notre satisfaction et notre étonnement.

Et cela c'est à la portée de tout un chacun. C'est aussi souvent ce hasard qui procure des rencontres agréables.

Ainsi ayant fait l'acquisition sur le marché de mirabelles superbes, il m'est venu à l'esprit de saisir cette opportunité pour réaliser une tarte à base de produits alsaciens.

Comme il se trouvait qu'il me restait dans ma cave une seule et unique bouteille de Sylvaner Vendanges tardives, je décidais oh sacrilège ! de la sacrifier à cette envie... sucrée, autant que subite.

Et donc je me suis fait une tarte aux mirabelles et au Sylvaner dont le moins que je puisse affirmer c'est qu'elle fut dégustée à quatre sans qu'il en resta une miette, en moins de temps qu'il n'en fallut à sa réalisation.

Pour 4 personnes

1 bouteille de Sylvaner Vendanges tardives
1 kg de mirabelles

200 gr de pâte feuilletée
1 dé à coudre de mirabelle (alcool blanc)
5 cl de sirop de sucre de canne

Laver et dénoyauter les mirabelles et les mettre dans une jatte.
Verser dessus le sirop de sucre de canne et le contenu de la bouteille de Sylvaner.
Laisser à macérer le temps de préparer la pâte feuilletée. (recette traditionnelle ou employer de la pâte toute faite que l'on trouve en magasin).
Le temps de macération ne sera pas inférieur à 1/2 heure.
Foncer un moule à tarte avec la pâte feuilletée et mettre à blanchir quelques minutes à four chaud (200°).
Sortir le moule et en garnir le fond avec les mirabelles bien serrées.
Mettre le jus de macération dans une casserole et faire réduire des 3/4.
Jeter sur ce jus un dé à coudre de mirabelle (alcool blanc) et flamber.
Arroser avec cette réduction la tarte et mettre à four chaud 200° pendant 35 minutes.
Eteindre le four et laisser tiédir pendant 1/2 heure.
Déguster.
Accompagner d'un Crémant d'Alsace ou bien du même Sylvaner Vendanges tardives.
Un dessert succulent et arômatique.
Tenir compte de la teneur élevée en sucres pour les régimes hypocaloriques. Mais Dieu que c'est délicieux !

La tarte au potiron au Banyuls

Dans le temps on faisait usage dans nos campagnes, en cuisine du potiron et de la citrouille, légumes-fruits énormes (jusqu'à 50 kg) qui, en hiver, servaient de base à des potages aussi bien qu'à des desserts rustiques mais délicieux.

Je vous en livre ici une parmi toutes celles qu'il m'a été données de savourer tout au long de mes jeunes années.

Aujourd'hui combien de jeunes ont seulement jamais vu un potiron sur leur table familiale ?

Une bonne occasion d'élargir leur champ de connaissances gourmandes.

Pour 4 personnes

1 bouteille de Banyuls
300 gr de pâte brisée
1 kg de chair de potiron épépinée
2 œufs
120 gr de fromage de comté râpé
50 gr de semoule
20 cl de crème fraîche
30 gr de beurre
1 cuiller de farine
Sel, poivre
Persil haché (1cuiller à soupe)

Beurrer un moule à tarte et fariner légèrement.
Foncer celui-ci avec la pâte brisée.
Piquer le fond en plusieurs endroits et mettre à blanchir à four chaud pendant 10 minutes.
Au préalable on aura coupé la chair du potiron en dés de 1 cm de côté et mis à pocher dans 1 litre d'eau aromatisée avec 20 cl de Banyuls pendant 5 minutes.
Egoutter le potiron et le passer au mixer.
Ajouter les œufs, le fromage, le persil. Saler. Poivrer.
Mettre la crème et fouetter délicatement pour incorporer le tout.
Couvrir le fond de la tourtière avec la semoule dure.
Verser dessus la purée obtenue et remettre au four (th 5-6) pendant 25 minutes.Déguster chaud avec un Banyuls frais (8-10°).

La tarte à la quetsche et au Pinot noir

Octobre c'est le mois de la récolte de la quetsche, que l'on désigne sous le terme de Prunus Domestica. Mais oui il s'agit bien d'une prune même si séchée elle devient... pruneau. Ce qui ne veut point dire qu'elle change de sexe en perdant son eau.

La quetsche serait originaire de Damas et aurait été rapportée en Europe par les Croisés d'où son nom de Damascenum.

Si elle fait la gloire du Lot sous forme de pruneau d'Agen, elle est aussi typiquement alsacienne où elle constitue la base de gâteaux superbes, tels le Quatshakuecha ou le Berawecka. Distillée, elle donne une eau de vie de réputation mondiale (25 kg de fruits donnent 1 litre d'eau de vie pure à 100%).

Mais soyons raisonnable et contentons-nous d'en faire une tarte avec les pruneaux et quelques gouttes d'eau de vie alsacienne.

Pour 4 personnes

1 bouteille de Pinot noir d'Alsace
1 kg de pruneaux (quetsches séchées)
200 gr de pâte feuilletée
1 trait d'eau de vie de quetsche
50 gr de sucre cristallisé

Mettre les pruneaux à mariner dans une jatte avec la bouteille de Pinot noir et un dé à coudre d'eau de vie de quetsche pendant une nuit.
Quand les pruneaux ont bien gonflé, les dénoyauter un à un.
Les remettre dans la marinade.
Etaler la pâte dans un moule à tarte.
Couvrir avec du papier sulfurisé et mettre dessus les noyaux.
Mettre à blanchir au four (220°) pendant quelques minutes.
Egoutter les pruneaux. Recueillir le jus de la marinade et le porter à ébullition.
Faire réduire des 3/4.
Disposer les pruneaux dans la tourtière après avoir jeté les noyaux et ôté le papier sulfurisé.
Jeter en pluie le sucre cristallié et arroser avec la réduction de la marinade.
Mettre à four chaud (220°) pendant 35 minutes.
Servir tiède.
Accompagner d'un Pinot noir frais ou mieux d'un Alsace Vendanges tardives à 8-10°.

La tarte au vin au rouge de Mondeuse

A l'occasion d'une foire aux vins, j'ai eu le plaisir de faire la connaissance d'un lecteur assidu spécialiste des vins de pays régionaux. Mr Degraeve , un fort sympathique seine-et-marnais incollable sur les vins de Corse et de Savoie.

Cette rencontre et notre conversation sur ces étonnants vins trop souvent méconnus, m'ont remis en mémoire un dessert succulent, suisse d'origine mais que je me suis amusé à... franciser : la tarte au vin.

Il paraît qu'en Helvétie on la fait avec du Fendant mais que certains esthètes la préfèrent au rouge de Dole ou du Valais.

C'est ainsi que je l'aime, mais au rouge de Savoie Mondeuse.

Voici ce dessert étonnant.

Pour 4 personnes

1 bouteille de vin de Savoie rouge
Mondeuse
200 gr de farine
3 œufs
80 gr de beurre
8 gr de levure de boulanger
10 cl delait
1 pincée de sel
50 gr de sucre en poudre

Préparer la pâte de la manière suivante : mettre la farine en tas.
Creuser un trou au milieu en forme de cône inversé.
Y mettre la levure délayée avec le lait tiède et 20 gr de sucre.
Mêler bien le tout. Ajouter une pincée de sel et mouiller avec un peu d'eau tiède.
On doit obtenir une pâte lisse et souple.
Incorporer alors petit à petit le beurre ramolli.
Quand le tout est bien amalgamé, mettre en boule dans un bol. Couvrir d'un linge humide et laisser à reposer jusqu'à ce que la pâte ait doublé de volume. (1 à 2 heures selon température ambiante).
Etaler ensuite la pâte au rouleau en bonne épaisseur.
En garnir une tourtière beurrée, laisser reposer encore un peu.
Pendant ce temps battre 3 œufs avec 10 cl de Mondeuse dans un bol. Sucrer.
Fouetter jusqu'à apparition d'une mousse légère.
En garnir la tourtière et mettre à four chaud (th. 5-6).
Quand la garniture devient floconneuse sortir la tourtière, sucrer le dessus et disposer quelques noisettes de beurre.
Remettre à four moyen (th. 4/5) pour faire légèrernent colorer.
Servir la tarte tiédie accompagnée de Mondeuse frais (10-11°).
Bon appétit !

Terrine de canard

Dans la cuisine, il n'y a pas que les plats à consommer sur l'instant. Quelles joies que de se régaler de terrines faites soi-même.

Ainsi cette terrine de canard au Curacao. Tout à fait sublime. (On peut remplacer le Curacao par du Cointreau ou du Grand Marnier selon goût).

Un canard de 1,200 à 1,500 kg
500 gr de chair à sausisse
2 œufs,
Sel, poivre
2 oranges
Une demi mignonnette de Curaçao
Une barde de lard gras.

Préparer le canard et le désosser avec un petlt couteau bien coupant en préservant une partie de la peau pour couvrir la terrine.
Préparer la farce en lui ajoutant sel, poivre, les deux œufs battus, le Curaçao et le foie haché.
En faire revenir à la poêle gros comme une noix pour goûter et vérifier l'assaisonnement.
Couper la viande du canard en morceaux de la taille du doigt.
Mettre la barde sur le fond et disposer une couche de canard, une couche de chair en alternance.

Recouvrir de la peau du canard.
Mettre une feuille de laurier, un brin de thym et disposer 3 à 4 rondelles d'orange.
Couvrir et faire cuire au bain-marie une heure environ, thermostat 6 ou 210°.
Presser en sortant du four et mettre au frais jusqu'au lendemain.
Pour servir, garnir la terrine de tranches ou de rondelles d'orange.
On peut aussi ajouter à la préparation une julienne de zestes d'orange blanchis 2 minutes à l'eau bouillante.

La terrine de foie de veau au Jurançon et à l'Armagnac

Les vacances sont propices à toutes sortes de découvertes. Bien évidemment un gourmand (oserais-je écrire un gastronome ?) sera plus particulièrement attiré par tout ce qui touche à la cuisine, aux arts de la table et aux produits aujourd'hui introuvables.

Aussi saviez-vous ce qu'est la fagoue ?

Les plus anciens se rappelleront le fameux foie blanc dont le tripier (quand il y en avait encore en boutique) ajoutait un morceau à celui ou celle qui achetait une tranche de foie de veau.

C'était le pancréas, blanc ivoire, délicieux mais qu'aujourd'hui on réserve à la pharmacie en opothérapie. On en tire l'insuline, si utile aux diabétiques.

Dans le Nord on appelait cette glande le " ris de foie".

Tout cela pour vous proposer la recette d'une terrine de foie de veau au Jurançon et à l'Armagnac.

Une recette remontée du Périgord mais dont il n'est pas interdit de se régaler partout ailleurs.

Pour 4 personnes et plus

250 gr de foie de ueau
300 gr de noix de veau
120 gr de filet de porc
140 gr de gorge de porc fraîche
350 gr de pâte brisée

80 gr de pistaches émondées
1 œuf
1 jaune d'œuf
20 gr de beurre
1 trait de Jurançon blanc moëlleux
1 cuiller à soupe d'Armagnac
sel, poivre, muscade

Prélever 3 bandes fines de noix de veau et de foie de veau.
Passer le reste au mixer avec la gorge et le filet.
Mettre ce hachis dans un saladier.
Ajouter l'œuf entier, l'Armagnac, une grosse cuiller de Jurançon, 15 gr de sel une pincée de muscade, 3 pincées de poivre.
Bien malaxer le tout à la spatule.
Abaisser la pâte et l'étaler dans une terrine beurrée.
Etaler une couche de hachis.
Placer dessus une bande de foie et une bande de noix de veau.
Parsemer de pistaches.
Mettre au four au bain-Marie th 5-6 pendant 45 minutes.
Laisser refroidir puis mettre au réfrigérateur pendant 3 jours couvert.

Terrine de veau au cidre et aux légumes

Une entrée ou un en-cas. Cette terrine de veau est tout simplement un rayon de campagne dans la grisaille de la vie citadine.

C'est à faire soi-même et à déguster en personne, ou alors avec des amis très chers. A 9 heures du matin au mâchon ou à midi en entrée voire au retour de chasse ou de pêche. Une charcuterie familiale assez subtile.

Pour 4 personnes

1 bouteille de cidre brut
600 gr de noix de veau
250 gr de poitrine de porc 1/2 sel
1 pied de veau
1 oignon et 2 carottes
1 bouquet garni (thym, laurier persil
Sel, poivre moulu
250 gr de carottes
250 gr de petits pois

Peler l'oignon et les 2 carottes.
Les découper en tranches.
Couper la poitrine de porc en lardons, les plonger pendant 2 mn dans de l'eau bouillante, les égoutter puis les passer sous l'eau froide, égoutter à nouveau.

Couper la viande de veau en plusieurs tranches.
Dans une cocotte, mettre tous les éléments : la viande de veau, les lardons, le pied de veau, l'oignon et les 2 carottes, le bouquet garni, sel et poivre. Verser le cidre, ajouter un peu d'eau jusqu'à ce que le liquide recouvre entièrement la viande.
Couvrir et porter sur le feu, à partir de l'ébullition compter 1 h 30 de cuisson sur feu doux.
Une demi-heure avant la fin de la cuisson, ajouter les carottes pelées et les petit pois.
Quand la cuisson est terminée, retirer le pied de veau.
Disposer les morceaux de viande les lardons et les légumes dans une terrine.
Filtrer le bouillon au travers d'un chinois.
Verser ce bouillon dans la terrine et laisser refroidir jusqu'au lendemain le bouillon refroidi formera une gelée légère.

Tournedos à la briarde

Jacques Boutarin est un Landais extraordinaire qui a tenu pendant près de 30 ans l'Auberge de Brou (77). Un cuisinier hors pair qui savait mitonner comme personne et rôtir avec un talent inégalable. Avec Marcelle sa tendre épouse il en a fait saliver des milliers de gourmets dans sa petite auberge briarde en bordure de la RN 34.

Il était, et est resté, mon ami. Il m'a offert cette recette... briarde toute droite sortie de son imagination délirante.

C'est une recette de chef, mais que toute cuisinière un peu attentionnée peut et doit réussir chez elle sans problème.

Et, quel délice !

Pour 4 personnes

4 tournedos de 180 g chacun
4 canapés de pain de mie de 2 cms
d'épaisseur dorés au beurre.
10 cl de Rancio Maury
20 cl de demi-glace
50 gr de beurre

Pour la farce
200 gr de Brie de Meaux fait à cœur mais
pas coulant.
50 gr de moutarde de Meaux

Poivre au moulin

Pour la garniture
500 gr de carottes de Crécy
50 gr de beurre
4 œufs
Une pincée de sucre

Pour la crèpe au Maïs de Nangis
100 gr de farine
30 cl de lait
50 gr de beurre fondu
2 oeufs
sel, muscade
100 gr de maïs cuit à l'eau, salé et égoutté

Cuire les tournedos (saignants) dans une sauteuse. Les réserver au chaud.
Faire pincer le suc de cuisson, dégraisser complètement, déglacer avec le Rancio, faire réduire jusqu'à obtention d'un sirop.
Mouiller avec la demi-glace.
Monter au beurre. Réserver au bain-Marie.
Ecrouter le Brie et le malaxer avec les 50 gr de moutarde de Meaux et deux tours de moulin à poivre, pour obtenir une pommade.
Emincer les carottes après les avoir grattées et les faire cuire dans un bouillon de boeuf ou mieux de volaille.
Egoutter, faire sécher quelques minutes au four et passer au mixer avec 50 gr de beurre, 4 œufs, et une pincée de sucre.
Auparavant on aura beurré 4 darioles ou ramequins que l'on aura pas-

sés au réfrigérateur pendant quelques minutes.
Garnir les darioles. Cuire au four th. 5 au bain marie couvert pendant 3/4 d'heures.
Faire un appareil à crèpes.
Y ajouter le maïs.
Faire cuire au beurre 4 crèpes un peu épaisses et d'un diamètre légèrement supérieur à celui des darioles.
Garnir les canapés avec les 2/3 de la pommade (fromage-moutarde).
Poser dessus les tournedos.
Les recouvrir du reste de la pommade que l'on étale soigneusement, et que l'on lisse à la spatule.
Passer 30 sedondes à la salamandre ou dans le four th. 8.
Sur un plat chaud, disposer les tournedos. Entre chaque placer une crèpe de maïs, et sur ces crèpes démouler les darioles de mousseline de carottes.
On peut décorer d'un bouquet de cresson.
Servir très chaud.

VIANDE DE 1re QUALITÉ
FILETS & FAUX FILETS
SPECIALITE DE
PRÉS SALÉS

La tomate me fait rougir de honte...

Mais où sont passées nos tomates d'antan ? Actuellemnet, le marché de ce fruit délicieux qui constituait jadis, l'entrée de l'été et l'assaisonnement de nombreux plats du midi, qui se marie aussi bien avec l'ail de Bretagne que le piment doux du pays Basque, ou l'échalote grise du Berry, est en pleine... déconfiture.

Pourquoi ?

C'est que les cours ont tant chuté que nos producteurs français de beaux fruits juteux à la chair tendre, n'y trouvent plus leur compte devant les produits insipides et farineux que sont les tomates d'importation des pays du Nord, qui n'ont jamais vu le soleil et qui terminent leur mûrissement dans les cageots pendant le transport, et dans les aires de stockage.

C'est que 70% du marché de la tomate est entre les mains de centrales d'achat, qui préfèrent s'approvisionner en Belgique ou en Hollande, où l'on produit des tomates sous serre artificielle toute l'année, mais de piètre qualité.

Alors on voit ce que l'on a pu constater des tonnes de jolies et superbes tomates de Provence et du midi jetées à la décharge car invendables au prix de revient.

Et le consommateur me direz-vous ?

Quoi qu'il arrive, il paie de la vilaine tomate à 8 à 10 F le kilo, alors qu'à 1,5 F à la production la vraie, la bonne tomate naturelle ne trouve pas acquéreur chez les grossistes.

Il va falloir que ce soit le consommateur qui sache dire non à ces produits.

C'est si bon une confiture de tomate de France, des tomates au vinaigre, en confit ou à la poêle. Tout simplement en salade ou à la croque au sel ; gratinées ou farcies. Chaudes ou froides. En purée ou en soupe froide.

Mais tout ceci ne peut pas se goûter avec les produits que l'on nous offre en ce moment dans la plupart des cas.

Amateurs de vraie et de bonne tomate réagissez. Ne vous laissez plus refiler des tomates qui n'en ont que le nom. Exigez de la vraie, de la bonne tomate bien rouge, bien lisse, bien pleine, bien charnue, bien goûteuse, cueillie à maturité et vendue aussitôt.

Il ne manque pas sur nos marchés et dans nos boutiques de commerçants scrupuleux qui vous en proposeront au même prix que les autres.

Et régalez-vous en retrouvant le vrai goût de la vraie tomate.

Sinon avant peu, nous pourrons rougir de honte de n'avoir pas su protéger cette espèce en voie de disparition.

Tournedos champs Gauthier

Voici une recette que m'avait offerte mon vieil ami Jean Pierre Karampournis le plus Grec des parisiens, le plus "titi" des fils de la mer Egée. Un grand cuisinier, issu d'une lignée qui se perpétue avec son fils Jean-Paul à Barbizon.

Jean-Pierre fut un grand de la restauration seine et marnaise. Il est toujours un grand dans le cœur de ses amis.

Pour 4 personnes

4 tournedosl de 180 gr
2 tranches de jambon de Paris
200 gr de champignons de couche rosé
20 cl de crème fraîche
5 cl de Cognac
4 tranches de pain Poilane
8 foies de volaille

Ecraser et laire revenir au beurre les foies et 40 gr de champignons. Réserver.
Cuire le tournedos à la poêle selon cuisson désirée
Dégraisser, déglacer et flamber au Cognac ajouter les champignons restants et le jambon coupés en julienne, ajouter la crème et lier la sauce avec 1noisette de beurre.
Poser le tournedos sur le canapé grillé et tartiné avec la préparation de foies et de champignons et napper avec la sauce.
Présenter avec un bouquet de cresson, pommes sautées à cru et légumes de saison.

Tournedos aux crottins de Sancerre au Sancerre

Premiers week-ends d'été, premières escapades vers le Berry et plus particulièrement le sancerrois. Où l'on se régale de si jolis vins aux arômes subtils et au caractère fantasque.

On s'y régale aussi de ces fromages de chèvre à nuls autres pareils. Et de ces petits crottins frais ou secs qui font la joie des connaisseurs et vrais amateurs de fromages.

Voici une recette de tournedos au crottin du Sancerrois au... Sancerre.

Pour 4 personnes

4 tournedos de 130 gr
4 crottins frais de Sancerre
1 bouteille de Sancerre blanc
5 cl de marc de raisin
Sel, poivre, 20 gr de beurre

Dans une poêle faire sauter au beurre les tournedos.
Saler, poivrer.
Mettre les tournedos à réserver au chaud.
Pendant la cuisson des tournedos on aura mis les crottins au four (th. 5/6) dans un plat beurré.
Déglacer le jus de cuisson des tournedos avec le Cognac et le vin blanc. Flamber.
Placer un crottin sur chaque tournedos.
Napper avec la sauce de cuisson déglacée.
Servir avec une salade assaisonnée à l'huile de noix.
Accompagner d'un Sancerre rouge.

Tournedos au crottin de chavignol

Ami étonnant qu'il puisse y paraître le fromage de chèvre chaud, loin de "casser" le filet de bœuf en fait apprécier la tendresse en lui donnant un petit air du Berry.

Quand de surcroit on emploie un crottin cendré frais et du Sancerre de Bué par exemple ou de St Satur.

Voici une recette de cette région du Berry que j'affectionne particulièrement.

Pour 4 personnes

4 tournedos de 175 à 200 gr chacun (dans le filet de bœuf de préférence)
8 tranches de pain de mie parées
2 crottins de chavignol cendrés
1 dl de fond de veau un peu concentré
5 cl de Sancerre blanc
1 cuiller d'huile d'arachide
Quelques gouttes d'huile d'olive
1 cuiller de beurre
Un peu de sarriette
Sel, poivre du moulin

Facultatif : Un peu d'Armagnac

Couper les crottins en deux dans le sens de l'épaisseur.
Dans la cuiller d'huile d'arachide mettre les gouttes d'huile d'olive, ajouter la sarriette.
Dans un plat où l'on aura mis l'huile, disposer les crottins face de la coupe dans l'huile.
Laisser macérer 5 mn.
Les poser ensuite sur 4 tranches de pain le tout sur une plaque allant au four.
Le four préchauffé thermostat 6/7.
Dans une sauteuse, cuire au beurre les tournedos et passer les 4 autres tranches de pain de mie.
Disposer dans un plat les 4 croutons puis les tournedos.
Dans la sauteuse dégraissée, verser le vin blanc et le fond une cuillerée de beurre.
Verser sur les tournedos puis disposer les crottins et leurs toasts.
Servir avec des nouilles fraîches ou une salade verte à l'huile de noix.

Pour accompagner : Un Sancerre rouge de quelques années.

Les truites en meurette à l'Arbois rouge

Avec le printemps voici revenir le temps que l'on pèche la truite au ver manié ou au toc en attendant l'éclosion des premières nymphes de mai qui offriront aux pêcheurs à la mouche sèche, ce plaisir indiscible de traquer la truite et de la piquer en plein gobage.

Mais après ?

Après, il faut s'en régaler.

Comme on ne peut faire au bleu une truite sauvage pêchée soi-même, voici une recette de truite en meurette venue tout droit du Jura.

Elle me fut confiée par le regretté Georges Prade, l'une des plus grandes plumes gourmandes de notre siècle. Le premier à avoir fait connaître aux Français les richesses de la cuisine suisse, savoyarde et jurassienne.

Amateurs de truites, régalez-vous.

Pour 4 personnes

1 bouteille d'Arbois rouge
3 grosses truites de 300 à 400 gr
2 échalotes grises
1 oignon
2 gousses d'ail
50 gr de beurre
1 cuiller d'huile
4 tranches de pain Poîlane

1 feuille de laurier
15 cl de crème fraîche
Farine
Sel, poivre

Nettoyer les truites, les laver, les détailler en tronçons de 3 cm d'épaisseur.
Dans une sauteuse, mettre 10 gr de beurre et un peu d'huile à chauffer.
Préparer un roux avec une cuiller de farine. Mouiller avec la bouteille d'Arbois et 1/4 d'eau chaude.
Ajouter l'ail pelé et écrasé, les échalotes pelées et hachées, l'oignon pelé et haché, la feuille de laurier.
Saler, poivrer. Laisser à mijoter à feu doux pendant 1/2 heure.
A ce moment jeter dans cette sauce les tronçons de truites et laisser à mijoter toujours à feu doux pendant 1/2 heure.
Pendant ce temps, couper les tranches de pain en 4 et les frotter à l'ail avant de les mettre à rôtir dans un peu de beurre à la poêle sur les deux faces.
Quand ces croûtons seront dorés, les mettre sur un plat chaud.
Oter délicatement chaque morceau de truite et les mettre sur chaque croûton.
Verser la crème fraîche dans la sauce. Monter la flamme et fouetter au fouet.
Quand la sauce a un peu épaissi, la passer sur le plat de truites et servir bien chaud.
Accompagner d'un Arbois rouge frais (9-11°).
Une manière originale de se régaler de truites... nouvelles.

rectifier l'assaisonnement, passer cette sauce à l'étamine.
— Sabayon pour les poires : dans le même temps que la réduction de la sauce, égoutter les poires et réduire la cuisson au cidre au maximum afin de l'utiliser pour monter le sabayon à l'aide deux jaunes d'œufs.
— Cuisson des escalopes de volailles : cuire les escalopes de volaille au beurre (légère coloration), surveiller attentivement.
Dans un grand plat beurré, disposer ces escalopes en carré, harmoniser avec les pommes cuites au camembert surmontés d'une demie noix et des poires pochées, nappées du sabayon au cidre.
Agrémenter d'un peu de cresson.
— Finition de la sauce : dans une saucière, verser la sauce crème, monter au beurre à la dernière minute.

En guise de conclusion

On a trop souvent tendance à affirmer que les jeunes femmes modernes ne savent pas faire la cuisine. Légende d'autant plus tenace, que celles-ci l'entretiennent à loisir. Par pudeur ? Par timidité ?

Je crois que c'est un peu faux.

Ainsi, convié à dîner chez un jeune couple de mes amis, j'y ai découvert de la part de la maîtresse de maison, un sens parfait de l'équilibre et trois petits chefs-d'œuvre de simplicité, de bon aloi et de remarquable maîtrise du goût et de la cuisson.

Les asperges accompagnées d'une sauce à base de crème liquide et de ciboulette puis une truite en papillotte garnie d'herbes du jardin de son papa, absolument parfait.

Un régal de parfums et de délicatesse accompagnée d'une couronne d'épinards en branche entourant un riz créole dont chaque grain, cuit et moëlleux, se détachait de ses voisins.

Le tout parachevé d'un gâteau au chocolat nappé d'une crème anglaise onctueuse.

Allez dire après cela que les les jeunes femmes ne savent plus maîtriser l'art de leurs grand'mères !...

Ce fut pour le vieux briscard que je suis, une très grande agréable et très réconfortante expérience. Allons les jeunes ! plus de fausse modestie. Le fin du fin de l'anti-conformisme et de la modernité, ce ne sera plus désormais le surgelé au micro-onde ni le miroton de grand'mère.

C'est déjà la cuisine simple et de bon goût.

C'est la vôtre. Celle qui marquera notre époque et réconciliera l'art de la table avec l'appétit de santé.

Listes des recettes

Liste de vins et alccols

Aligoté

Escargots au bourgogne aligoté Arbois
Filet de turbot à l'Arbois et aux petits légumes
Truites en meurette à l'Arbois rouge

Armagnac

Terrine de foie au veau au Jurançon et à l'Armagnac
Perdreaux du voyageur

Banyuls

Brioches du curé au Banyuls
Côtes de veau en papillotte
Grenadins de veau au fromage frais
Tarte au potiron au Banyuls

Beaujolais

La cannelle (vin chaud)
Entrecôtes à la Beaujolaise
Poires au Beaujolais nouveau

Bière

Beignets aux fruits à la "Fleur de bière"

Champagne tranquille
Bouchées à la reine Marie au vin et fromage de Brie
Concombre au Champagne tranquille
Filet de sandre à la crème de persil
Poulet à la moutarde de Meaux et au vin de champagne

Chardonnay
Concombre au Champagne tranquille
Ragoût de châtaignes au Chardonnay d'Auvergne

Chateauneuf du Pape
Faisan au Chateauneuf du Pape et à la choucroute

Cheverny blanc
Bœuf braisé au Cheverny blanc
Joue de bœuf au Cheverny blanc
(Cheverny
Ragoût de chevreau au Reuilly blanc)

Chusclan
Bar au Chusclan

Dorade au cidre de Brie et au safran du gâtinais
Dorade farcie au cidre
Faisan sauté au cidre
Filets de lisettes au cidre
Filets de sole au cidre
Filets de soles jardinière au cidre brut
Filets de sole en matelote à la normande
Lapin au cidre
Lapin au cidre et au navets
Lapin de garenne au cidre
Lapin au vin de pommes
Mousse au cidre
Pigeon au cidre
Pommes soufflées au cidre
Poularde de Bresse à la briarde
Pudding aux pommes et au cidre
Sorbet au cidre
Terrine de veau au cidre et aux légumes
Volaille "Marie Harel"

Clairette de Die

Choux de Bruxelles braisés à la Clairette de Die

Cognac

Cailles aux raisins
Fricassée de rognons de veau à la moutarde de Meaux

Lapin à la crème
Mousse de foies de volaille
Tournedos champs Gauthier

Cointreau
Ananas à la glace banane-Cointreau

Costières du Gard blanc
Sauté de veau au Costières du Gard

Côte chalonnaise
Perdrix chalonnaises aux choux

Côtes de Beaune
Gratin de poires au Sabayon de Côtes de Beaune

Côtes du Jura
St-Jacques au Vin jaune et Côtes du Jura

Côtes de Provence blanc
Brocolis au jambon cru
Calamars au Côte de Provence blanc
Cuisses de grenouilles au Blanc de provence
Dorade au four et au Côtes de Provence
Queue de bœuf en estouffade au Côtes de Provence

Coteau du Layon
Cailles aux raisins
Fondant de langues d'agneau

Côtes du Rhone rouge
Beignets de fraises au Cornas

Crème de cassis
Sorbet à la crème de cassis

Crème de chocolat Cartron
Omelette soufflée aux arômes chocolatés

Curaçao
Fraises au Pierrefeu
Terrine de canard

Eau de vie
Liqueur au café

Eau de vie de cidre
Beignets de pommes à l'Impériale

Edelswicker

Salade de la république

Fixin

Oeufs à la dijonnaise

Floc blanc

Omelette au Floc et foie gras

Floc rouge

Poulet au Floc

Gaillac blanc

Rouelles de jarret de veau au citron et Gaillac Blanc

Gaillac rouge

Saucisse de Toulouse au Gaillac
Sauté d'agneau au Gaillac

Gamay (Coteaux de l'Ardèche)

Brochettes de foie et rognon au Coteaux de l'Ardèche

Givry

Filets de rascasses au beurre vigneronne

Grand Marnier
Crêpes à l'ananas flambées au Grand Marnier
Crêpes aux noix et Gand Marnier
Gateau de noix et au Grand Marnier
Mousse au chocolat au Grand Marnier
Omelette soufflée au Grand Marnier
Soufflé au Grand Marnier

Graves blanc
Foie gras frais de canard aux échalotes et au Graves blanc
Lotte au fenouil
Rôti de cabillaud au Graves blanc

Grenache
Oignons en gratin de Grenache

Gros plant
Dorade au Gros plant

Jurançon
Terrine de foie de veau au Jurançon et à l'Armagnac
Beignets de gambas au Libiao

Lapin à la crème
Poulet au citron
Steack chasseur au Jurançon

Kirsch

Fondue au bleu de Gex
Gateau à l'ananas
Gateau de Isles
Omelette aux cerises et au Riesling

Libiao

Beignets de gambas au Libiao

Liqueur 43

Crème au 43 au x noix et au Monbazillac

Listel blanc

Beignets de gambas au Listel blanc et à la bière
Langoustines en aigre-doux au Listel blanc
Sauté d'agneau au Listel et aux figues fraîches

Loupiac

Foie gras en salade de printemps

Macon blanc

Ris de veau au Macon blanc

Madiran
Queue de bœuf au Madiran
Ragoût de canard au Madiran

Mandarine Impériale
Beignets de pommes à l'Impériale
Fraises au Pierrefeu

Marc de cidre
Kouig amann

Marc de champagne
Beignets aux fleurs d'acacia
Crêpes fourrées au coulommiers

Marc de Sancerre
Rognons de veau berrichonne

Martini extra-dry
St-Jacques au Martini extra-dry et au Noyau de Poissy

Mennetou-Salon blanc
Sauté de chevreau au Mennetou-Salon blanc

Monbazillac

Crème au 43 aux noix et au Monbazillac

Montlouis

Paupiettes de veau au Montlouis nature

Muscadet

Artichauts au Royal et à la barigoule
Filets de Chinchard au Muscadet
Filet de sole océane au Muscadet
Gratin de crustacés aux poireaux et au muscadet
Harengs marinés au muscadet
Huitres au beurre d'échalotes

Noyau de Poissy

St-Jacques au Martini extra-dry et au Noyau de Poissy

Nuit St-Georges

Bourguignon

Patrimonio

Stuffatu au Patrimonio

Pécharmant

Foie de veau braisé au Pécharmant

Pinot des Charentes

Poulet au Floc

Pinot franc

Poulet au sang et au Pinot franc

Pinot gris (Tokay)

Gratinée de relevée

Pinot noir d'Alsace

Aiguillette au Pinot noir

Tarte à la quetsches et au Pinot Noir

Pouilly Fumé

Filet de bœuf farci au Pouilly Fumé et aux champignons

Filets de saumon au Pouilly Fumé

Poulet aux girolles et Pouilly fumé

Pouilly-s-Loire

Ananas glacé des Iles de France

Bouchées à la reine Marie au vin et fromage de Brie

Rancio

Filet de porc au Brie de Meaux
Filet de porc au Rancio
Fricassée de rognons de mouton au Rancio
Poulet au citron
Salade de fruits au Maury
Tournedos à la briarde

Ratafia

Escalopes de foie gras au Ratafia

Reuilly blanc

Ragoût de chevreau au Reuilly blanc

Ricard

Crêpes gasconnes au ...Ricard

Riesling

Fondue au bleu de Gex
Huitres coquines au blanc de poireau et au Riesling
Omelette aux cerises et au Riesling
Omelette aux pommes et Riesling Vendanges tardives

Rouge de Savoie Mondeuse

Tarte au vin au rouge de Mondeuse

Rhum blanc

Ananas glacé des Iles de France
Gambas diablotines

Rhum brun
Banane surprise

Saint-Emilion
Soles braisées au Saint-Emilion

St-Joseph
Lièvre au St-Joseph
Rognons d'agneau au St-Joseph

St-Nicolas de Bourgeuil
Filets de sole au St-Nicolas de Bourgeuil

Saint Véran
Agneau de lait au Saint Veran

Sancerre rouge
Filets de colvert au vieux vin
Rognons de veau berrichonne

Sancerre blanc
Pâtes aux coques et au Sancerre
Ragoût de chevreau au Reuilly blanc

Ris de veau à la paysanne et au Sancerre
Sauté de chevreau au Mennetou-Salon blanc
Tournedos aux crottins de Sancerre au Sancerre
Tournedos au crottin de chavignol

Saumur-Champigny
Cassolette d'agneau au Saumur-Champigny

Sauternes
Foie gras frais de canard en terrine
Gaspacho de fruits au Sauternes

Savennières
Ailerons de dinde au Savennières
Rables de garenne

Schnapps
Liqueur de cassis

Seyssel
Galette pégourienne au Seyssel

Sylvaner
Crème de Sylvaner
Lotte à la moutarde de Meaux
Tarte à la mirabelle au Sylvaner Vendange tardives

Tavel

Couronnes de fruits rouges au Tavel

Touraine blanc

Paupiettes de veau au Montlouis nature
Perdreaux du voyageur

Tursan blanc

Beignets de gambas au Libiao
Germon au Tursan blanc

Vacqueyras

Filets de Saint-Pierre au Vacqueyras

Vin gris (Touraine, Listel...)

Mulet au vin gris

Vin jaune

L'Oxtail au Vin jaune
Lapin au Vin jaune
Lapin au Vin jaune et à la moutarde de Meaux
St-Jacques au Vin jaune et Côtes du Jura
St-Jacques au Vin jaune et à la vanille

Vin rouge de Corse

Cuissot de marcassin au vin de Corse

Vouvray

Escalopes de foies de canard chaud au vieux Vouvray
Filet de sandre en papillottes au Vouvray
Perdreaux du voyageur

Achevé d'imprimer en décembre 1994
sur les presses de l'imprimerie Pot de Vin
Dépot légal 4ème trimestre 1994